초등 문해력
향상 프로그램
어휘편

어휘가 보여야
문해력이 자란다

문해력 잡는 초등 어휘력

C-2 단계

· 초등 5~6학년 ·

초등교과서에 나오는 과목별 학습개념어 총망라
★ 문해력 183문제 수록! ★

아울북

문해력의 기본,
왜 초등 어휘력일까?

21세기 교육의 핵심은 문해력입니다. 국어 사전에 따르면, 문해력은 '문자로 된 기록을 읽고 거기 담긴 정보를 이해하는 능력'입니다. 여기에 더해 글을 비판적으로 읽고 자신만의 관점을 가지는 것 역시 문해력이지요. 그러기 위해서는 문장을 이루고 있는 어휘의 뜻을 정확히 알고, 해당 어휘가 글 속에서 어떤 역할을 하고 있는지 깨닫는 과정이 필요합니다.

초등학교 3~4학년 시절 아이들이 배우고 쓰는 어휘량은 7,000~10,000자 정도로 급격하게 늘어납니다. 그중 상당수가 한자어입니다. 그렇기에 학년이 올라가면서 교과서와 참고서, 권장 도서 들을 받아드는 아이들은 혼란스러워 합니다. 해는 태양으로, 바다는 해양으로, 세모는 삼각형으로, 셈은 연산으로 쓰는 경우가 부쩍 늘어납니다. 땅을 지형, 지층, 지상, 지면, 지각처럼 세세하게 나눠진 한자어들로 설명합니다. 분포나 소통, 생태처럼 알 듯 모를 듯한 어려운 단어들이 불쑥불쑥 등장하기 시작합니다.

우리말이니까 그냥 언젠가 이해할 수 있겠지 하며 무시하고 넘어갈 수는 없습니다. 초등학교 시절의 어휘력은 성인까지 이어지니까요. 10살 정도에 '상상하다'나 '귀중하다'와 같이 한자에서 유래한 기본적인 어휘의 습득이 마무리된다는 연구 결과를 내놓은 학자도 있습니다. 반대로 무작정 단어 뜻을 인터넷에서 검색하고 영어 단어를 외우듯이 달달 외우면 해결될까요? 당장 눈에 보이는 단어 뜻은 알 수 있지만 다른 문장, 다른 글 속에 등장한 비슷한 단어의 뜻을 유추하는 능력은 길러지지 않습니다. 문해력의 기초가 제대로 다져지지 않는다는 의미입니다.

결국 자신이 정확하게 알고 있는 단어를 통해 새로운 단어의 뜻을 짐작하며 어휘력을 확장시켜 가는 게 가장 좋습니다. 어휘력이 늘어나면 교과 개념을 정확하게 이해하고, 학습 내용도 빠르게 습득할 수 있지요. 선생님의 가르침이나 교과서 속 내용이 무슨 뜻인지 금방 알 수 있으니까요. 이 힘이 바로 문해력이 됩니다. 〈문해력 잡는 초등 어휘력〉은 어휘력 확장을 통해 문해력을 키우는 과정을 돕는 책입니다.

정춘수 기획위원

문해력 잡는 단계별 어휘 구성

〈**문해력 잡는 초등 어휘력**〉은 사용 빈도수가 높은 기본 어휘(씨글자)240개와 학습도구어와 교과내용어를 포함한 확장 어휘(씨낱말) 260개로 우리말 낱말 속에 담긴 단어의 다양한 뜻을 익히고 이를 통해 문해력을 키우는 프로그램입니다. 한자의 음과 뜻을 공유하는 낱말끼리 어휘 블록으로 엮어서 한자를 모르는 아이도 직관적으로 그 관계를 파악할 수 있습니다. 초등 기본 어휘와 어휘 관계, 학습도구어, 교과내용어 12,000개를 예비 단계부터 D단계까지 전 24단계로 구성해 미취학 아동부터 중학생까지 수준별 학습이 가능합니다. 어휘의 어원에 따라 자유롭게 어휘를 확장하며 다양한 문장을 구사하는 능력을 기르는 동안 문장 사이의 뜻을 파악하는 문해력은 자연스럽게 성장합니다.

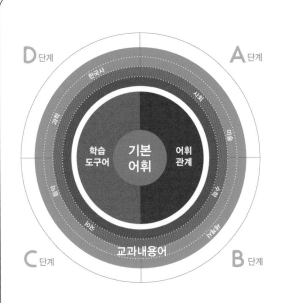

기본 어휘
초등 교과서 내 사용 빈도수가 높고, 일상적인 언어 활동에서 기본이 되는 어휘

어휘 관계
유의어, 반의어, 동음이의어, 도치어, 상하위어 등 어휘 사이의 관계

학습도구어
학습 개념을 이해하고 논리적으로 설명하는 과정에 쓰이는 도구 어휘

교과내용어
국어, 수학, 사회, 과학, 한국사, 예체능 등 각 교과별 학습 내용을 정확히 이해하는 데 필요한 개념 어휘

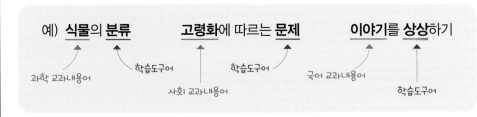

어휘력부터 문해력까지, 한 권으로 잡기

씨글자 | 기본 어휘

기본 어휘
하나의 씨글자를 중심으로
어휘를 확장해요.

씨낱말 | 학습도구어

확장 어휘 – 학습도구어
둘 이상의 어휘 블록을
연결하여 씨낱말을 찾고
어휘를 확장해요.

씨낱말 | 교과내용어

확장 어휘
둘 이상의 어휘 블록을
연결하여 씨낱말을 찾고
어휘를 확장해요.

어휘 퍼즐

어휘 퍼즐
어휘 퍼즐을 풀며 익힌 어휘를
다시 한번 학습해요.

종합 문제

종합 문제
종합 문제를 풀며
어휘를 조합해 문장으로
넓히는 힘을 길러요.

문해력 문제

문해력 문제
여러 어휘로 이루어진 문장의 의미를
파악하고 글의 맥락을 읽어 내는
문해력을 키워요.

지상으로 상승 중

응, 조금만 더 가면 **지상**이야!

이 길이 맞는겨?

두더지가 땅 위로 갈 길을 찾고 있네요. 지상(地上)은 '땅 위'를 말해요. 상(上)은 어떤 것의 '위'를 뜻하거든요.

와우 기분 좋다.

다음 빈칸에 공통으로 들어갈 말을 써 보세요.

이야, 돼지 군이 ☐☐ 스포츠의 하나인 ☐☐ 스키를 타고 있군요.

빈칸에 들어갈 낱말은 수상이에요. 수상(水上)은 물 위라는 말이에요. 반면 달리기, 뛰기, 던지기를 기본 동작으로 땅 위에서 하는 경기는 육상 경기라고 하지요. 육상은 육지 위를 뜻해요.

다음 빈칸을 채워 낱말을 완성해 보세요.

1) 하늘 위는 천☐   2) 가옥의 위는 옥☐
3) 몸의 위쪽은 ☐체   4) 기온이 0 ℃보다 높으면 영☐

빈칸에는 모두 위를 뜻하는 '상'이 들어가요.

上	위 상

- **지상**(地땅 지 上)
  땅 위
- **수상**(水물 수 上)
  물 위
- **육상**(陸뭍 육 上)
  육지(뭍) 위
- **천상**(天하늘 천 上)
  하늘 위
- **옥상**(屋집 옥 上)
  집 위
- **상체**(上 體몸 체)
  몸의 윗부분
- **영상**(零영 영 上)
  기온 0 ℃ 이상

잠수함이 물 위로 떠올랐네요! 빈칸에 들어갈 '물 위로 떠오름'
을 나타내는 말은 무엇일까요? (   )

① 수상(水上)   ② 상상(上上)   ③ 부상(浮上)

정답은 '뜰 부(浮)'자를 써서 ③번, 부상이에요.

상승은 '위로 올라가다', 상향(上向)은 '위로 향하다'란 뜻이지요.
여기서 상(上)은 '위로'라는 뜻이에요.

육상(陸上)은 '육지 위'를 말하
지만, 순서가 바뀐 상륙(上陸)
은 '육지로 올라가다'라는 뜻
이에요. 이때 상(上)은 '올라
가다'는 뜻으로 쓰였어요.

그럼 다음 빈칸을 채워 낱말을 완성해 볼까요?

지방에서 서울로 올라가는 것은 ☐경이라고 해요.

옛날에 임금에게 호소하는 글을 올리는 것을 ☐소한다고 했어요.

가격을 끌어 올리는 것은 가격 인☐이고요.

빈칸에는 모두 올라가다를 뜻하는 '상'이 들어가지요.

또 영화를 보려면 영화 상영 시간을 확인해야겠죠. 영상을 막에 비
추어 나타나게 하는 것을 상영이라고 해요. 연극은 무대에서 직접
올려 보이게 하는 것이니까 상연이라고 하지요.

이때 상(上) 역시 올릴 상의 의미로 쓰였어요.

上　위로 상

■ 부상(浮뜰부 上)
물 위로 떠오름
■ 상승(上 昇오를승)
위로 올라감
■ 상향(上 向향할향)
위로 향함

上　올라갈 상

■ 상륙(上 陸뭍륙)
육지(뭍)로 올라감
■ 상경(上 京서울경)
서울로 올라감
■ 상소(上 訴알릴소)
임금께 호소하는 글을 올림
■ 인상(引끌인 上)
끌어 올림
■ 상영(上 映비칠영)
영상을 막에 비추어 나타냄
■ 상연(上 演펼연)
연극 등을 무대에서 보이는 일

| 上 | 좋을 상 |

■ **향상**(向나아갈향 上)
좋게 나아감

■ **상책**(上 策계책책)
좋은 대책

■ **상품**(上 品물건품)
좋은 물건

소에게 음악을 들려 주었더니 고기의 질이 향상(向上)되었대요.

향상은 '좋게 나아가다'란 뜻이에요.

성적도 위로 올라가는 게 좋겠지요?

이처럼 상(上)은 '좋은'이라는 뜻으로 쓰이기도 해요.

그럼 다음 빈칸을 채워 낱말을 완성해 볼까요?

무언가 들켰을 땐 도망가는 게 ☐책이에요.

음악을 듣고 자란 소의 고기가 ☐품이래요!

좋은 대책이란 뜻의 상책,

좋은 물건이란 뜻의 상품이

차례로 들어가면 되겠네요.

| 上 | 지위가 높을 상 |

■ **상관**(上 官벼슬관)
지위가 높은 관리

■ **상감**(上 監살필감)
높은 지위에서 살펴보는 사람,
즉 임금

■ **상제**(上 帝하느님제)
하느님

지위가 높은 사람들의 이름에도
'상'이 쓰여요. 여기서 상(上)은
지위가 높다는 뜻이에요.

🔔 **이렇게도 쓰여요**

상(上)은 '매우, 가장'이란 뜻으로도 쓰여요.

예를 들어 상고(上古)는 아주 오랜 옛날이라는 뜻이에요.

그럼 상(上)거지는? 거지들 중에서도 매우 비참한 거지를 말하지요.

■ **상고**(上매우상 古오랠고) 아주 오랜 옛날

■ **상**(上)**거지** 아주 비참한 거지

아이들을 교육하는 입
장에서는 무척 곤란한
장면이군요.
영어, 국어 모두 중요
한데 말이에요.
교육상에서의 상(上)
은 '~의 측면', '~과 관계된 입장'이란 뜻으로 쓰였어요.

영어가 더
중요해요.

무슨 소리
국어가 더
중요하다니까!

허허, 이 사람들,
교육상
안 좋게시리…

上 ~의 측면 상

교육상
(教가르칠 교 育기를 육 上)
교육의 측면에서

시간상(時때 시 間사이 간 上)
시간의 측면에서

역사상
(歷지내올 역 史기록사 上)
역사의 측면에서

일신상(一한일 身몸 신 上)
한 개인의 형편과 관계된 측면
에서

외관상(外겉 외 觀볼 관 上)
겉모양의 측면에서

외견상(外겉 見볼 견 上)
겉모양의 측면에서

절차상
(節단락 절 次차례 차 上)
절차의 측면에서

예의상
(禮예절 예 義옳을 의 上)
예의의 측면에서

의리상
(義 理도리 도리 上)
의리의 측면에서

다음 빈칸에 들어갈 알맞은
말은 무엇일까요? (   )

① 시간상   ② 외관상
③ 역사상   ④ 일신상

□□□
좋지 않구먼.

정답은 '겉모양의 측면'이라는 뜻의 ②번, 외관상(外觀上)이에요.
같은 말로 외견상(外見上)이라는 낱말도 있어요.
그럼 다음에 나오는 빈칸을 채워 문장을 완성해 보세요.
절차□ 불필요한 것은 과감히 생략합시다!
예의□ 거절한다고 말을 못하겠어.
의리□ 차마 나만 도망칠 순 없었어요.
빈칸에는 모두 '상'이 들어가지요? 낱말 뒤에 붙은 상(上)은 '~에
있어서', '~에 따름'으로 풀이되기도 해요.

지 상   수 상   육 상   상 체   상 승   상 향

상 경   향 상   상 책   상 관   시 간 상   예 의 상

지상

수상

육상

천상

옥상

상체

영상

부상

상승

상향

상륙

상경

상소

인상

상영

상연

① 공통으로 들어갈 한자를 따라 쓰세요.

지							체
옥	예 의	上	교 육		소
향		위 상			승

② 어떤 낱말에 대한 설명인지 쓰세요.

1) 실력이나 수준이 더 좋게 나아감 ➡ ☐☐

2) 육지로 올라감 ➡ ☐☐

3) 집의 위 ➡ ☐☐

4) 임금님께 호소하는 글을 올림 ➡ ☐☐

5) 시간의 측면에서 ➡ ☐☐☐

③ 알맞은 낱말을 찾아 문장을 완성하세요.

1) 영하 10도라 너무 춥네. 도대체 기온은 언제쯤 ☐☐으로 회복될까?

2) 조조 할인 영화 ☐☐ 시간이 언제야?

3) 초콜릿 가격이 200원이나 ☐☐ 되었네?

4) 음악을 듣고 자란 소고기가 1등급으로 품질이 ☐☐ 되었네.

5) 여름에는 물 위에서 타는 ☐☐ 스키가 제일이지.

4 문장에 어울리는 낱말을 골라 ○표 하세요.

1) 전주에서 서울로 올라가는 것을 (상륙 / 상경)이라고 해.

2) 억울한 일을 당해, 임금님께 (상소 / 인상)를 올립니다.

3) 음악을 듣고 자란 소고기가 (상품 / 상책)이래.

4) 서두르자. 연극 (상연 / 상영) 시간에 늦겠어.

5) 선녀가 (육상 / 천상)으로 올라가서, 나무꾼이 울고 있어.

5 그림을 보고, 빈칸에 들어갈 알맞은 낱말을 쓰세요.

6 다음 중 '상(上)'이 쓰이지 않은 낱말을 고르세요. (   )

| 향상 |
| 상책 |
| 상품 |
| 상관 |
| 상감 |
| 상제 |
| 상고 |
| 상거지 |
| 교육상 |
| 시간상 |
| 역사상 |
| 일신상 |
| 외관상 |
| 외견상 |
| 절차상 |
| 예의상 |
| 의리상 |

놀이 기구 급강하, 심장도 급강하

下
아래 하

히익, 이제 아래로 내려간다! 급강口!

위 그림의 빈칸에 들어갈 알맞은 말은 무엇일까요? (　　　)

① 상　　　　② 중　　　　③ 하

맞아요. 답은 ③번, '하'예요. 급강하(急降下)는 급히 아래로 내려
가는 걸 말해요. 여기서 하(下)는 '아래 또는 밑'이라는 뜻이지요.
아래 하(下)가 들어간 다른 낱말을 만들어 보세요.
온도가 0℃ 아래로 떨어지면 영□,
공중에서 떨어질 때 쓰는 기구는 낙□산,
땅 아래는 지□, 지하에 있는 길은 지□도,
무릎의 아래는 슬□.
슬하는 부모의 무릎 아래서 보살핌을
받는 것을 뜻하는 말이에요.
가까이 있는 물건이나 사람을 잘 찾지
못하는 것을 등하불명이라고 해요.
'등잔 밑이 어둡다'라는 뜻이죠.
또 남의 일은 잘 알면서 자기 일은 잘 모를 때도 등하불명이라고 해요.

슬하에
자녀는 몇이나
두셨어요?

下　아래 하

▶ 급강하
(急급할 급 降내릴 강 下)
아래로 급히 내려감

▶ 영하(零영 영 下)
0℃ 아래

▶ 낙하산
(落떨어질 낙 下 傘우산 산)
공중에서 떨어질 때 쓰는 기구

▶ 지하(地땅 지 下)
땅 아래

▶ 지하도(地下 道길 도)
지하에 있는 길

▶ 슬하(膝무릎 슬 下)
무릎 아래, 부모의 보살핌 아래

▶ 등하불명(燈등불 등 下 不아
니 불 明밝을 명)
등잔 밑이 어두움

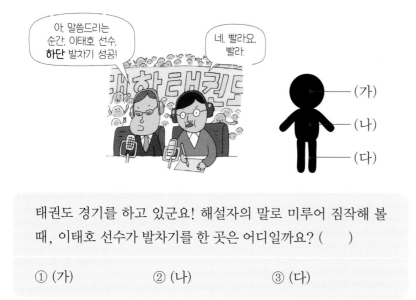

下	아래 하
上	위 상

- **하단**(下 段구분단)
  여러 단으로 된 것 중 아래쪽 단
- **상단**(上段)
  여러 단으로 된 것 중 위쪽 단
- **하행**(下 行갈행)
  아래로 감
- **상행**(上行)
  위로 감
- **남하**(南남쪽남 下)
  남쪽으로 내려감
- **북상**(北북쪽북 上)
  북쪽으로 올라감
- **하체**(下 體몸체)
  몸의 아랫부분
- **상체**(上體)
  몸의 윗부분
- **막상막하**
  (莫없을막 上莫下)
  누가 아래고 누가 위인지 가리기 어려움

태권도 경기를 하고 있군요! 해설자의 말로 미루어 짐작해 볼 때, 이태호 선수가 발차기를 한 곳은 어디일까요? (　　　)

① (가)　　　　② (나)　　　　③ (다)

정답은 ③번, (다)예요. 하단은 여러 단으로 된 것 중에서 아래쪽 단을 뜻해요. 위쪽에 있는 단은 '위 상(上)' 자를 써서 상단이지요. 그림에서 상단은 (가) 부분이겠죠?

다음 빈칸에 '상' 또는 '하'를 알맞게 넣어 보세요.

아래쪽으로 가는 것은 ☐행,

위쪽으로 가는 것은 ☐행,

남쪽으로 내려가는 것은 남☐,

북쪽으로 올라가는 것은 북☐,

몸의 아랫부분은 ☐체,

몸의 윗부분은 ☐체.

막상막하란 말 많이 들어봤지요? '누가 아래이고, 누가 위인지 가리기 어렵다'라는 뜻이에요. 두 사람의 실력이 더 낫고 더 못함의 차이가 거의 없을 때 쓰는 말이지요.

🔔 **이하**
나이가 18세 아래거나 딱 18세인 사람을 말해요.
18세 '미만'이라고 하면 18세는 포함되지 않아요.

下 아랫사람 하

- **신하**(臣신하신 下)
아래쪽에서 임금을 섬기며 벼슬하는 사람
- **수하**(手손수 下)
손아랫사람, 부하
- **부하**(部거느릴부 下)
아래에 거느리는 사람
- **하사**(下 賜줄사)
아래로 내려 줌
- **하사금**(下賜 金돈금)
하사하는 돈
- **하사품**(下賜 品물건품)
하사하는 물건

신하가 임금님께 인사를 드리고 있는데 뭔가 이상하네요!
그림에서 어색한 점을 골라 보세요. (　　)

① 신하와 임금의 자리　　② 임금의 의자

맞아요. 정답은 ①번이에요.
신하가 임금님의 아래쪽에 있어야 자연스럽겠죠?
신하(臣下)는 아래쪽에서 임금을 섬기는 사람을 말하거든요.
이처럼 하(下)는 아랫사람을 뜻하기도 해요.
아랫사람을 손아랫사람이라고
부르기도 하지요. 그림을 보세요.
임금님이 손아래에 신하를 두고
있죠? 손아랫사람을 한자로는
'손 수(手)', '아래 하(下)' 자를 써서
수하라고도 하거든요.
비슷한 말로 부하라는 말도 있어요.
아래에 거느리고 있는 사람이라는 뜻이에요.
그럼 임금님이 아랫사람에게 무엇을 주는
것은 뭐라고 할까요? 하사예요.
'아래로 내려 주다'는 뜻이지요.
하사하는 돈은 하사금,
하사하는 물건은 하사품이에요.

🔔 **전하**
'전하(殿큰집전 下)'는 '전각 아래'라는 뜻이에요. 신하가 전각 아래에 엎드려서 임금님을 우러러본다는 뜻이지요.
전하는 왕이나 임금님을 높여 부를 때 쓰는 말이에요.

다 왔습니다.
☐차하시지요.

와우, 임금님 자가용이 정말 멋지네요!

위 그림의 빈칸에 들어갈 말은 무엇일까요? 바로 '하'예요.

하차는 차에서 내리다는 뜻이에요. 반대말인 승차는 차에 타다는

뜻이죠. 이처럼 하(下)는 '내리다'라는 뜻으로도 쓰여요.

빈칸을 채워 보세요.

배에 타는 것은 승선,

배에서 내리는 것은 ☐선,

학교에 가는 것은 등교,

학교를 마치고 집에 가는 것은 ☐교,

더러운 물이 밑으로 흘러내려 가도록 만든 도랑은 ☐수구지요.

하반기는 한 해를 둘로 나누었을 때 뒤쪽 절반의 시기를 말해요.

앞쪽 절반은 상반기라고 하지요.

이때 하(下)는 어떤 것이 순서상 뒤에 있다는 것을 의미해요.

연결된 두 권의 책 중에 뒤의 권은 하권, 글의 뒷부분을 생략하는

것은 하략이라고 해요.

下　내릴 하

- **하차**(下 車차차)
  차에서 내림
- **승차**(乘탈승 車)
  차를 탐
- **승선**(乘 船배선)
  배를 탐
- **하선**(下船)
  배에서 내림
- **등교**(登오를등 校학교교)
  학교에 감
- **하교**(下校)
  학교를 마치고 집으로 감
- **하수구**(下 水물수 溝도랑구)
  쓰고 난 더러운 물이 밑으로 흘러 내려가도록 만든 도랑

下　뒤 하

- **하반기**(下 半절반반 期시기기)
  한 해를 둘로 나누었을 때 뒤쪽 절반의 시기
- **하권**(下 卷책권)
  연결된 두 권 중 뒤의 책
- **하략**(下 略생략할략)
  글의 뒷부분을 생략함

급강**하**　영**하**　지**하**도　슬**하**　**하**단　남**하**

막상막**하**　부**하**　**하**사품　**하**차　**하**반기

下
아래 하

급강하

영하

낙하산

지하

지하도

슬하

등하불명

하단

상단

하행

상행

남하

북상

하체

상체

막상막하

이하

① **공통으로 들어갈 한자를 따라 쓰세요.**

영
지 — 낙 — 산 — 下 — 막 상 막 — 행 / 사 / 교
신

아래 **하**

② **어떤 낱말에 대한 설명인지 쓰세요.**

1) 아래쪽으로 급히 내려감 ➡ ☐☐☐

2) 학교를 마치고 집으로 가는 것 ➡ ☐☐

3) 차에서 내림 ➡ ☐☐

4) 무릎 아래, 부모의 보살핌 아래 ➡ ☐☐

5) 누가 더 뛰어난지 가릴 수 없을 때 쓰는 말 ➡ ☐☐☐☐

③ **알맞은 낱말을 찾아 문장을 완성하세요.**

1) 추락하는 헬리콥터에서 조종사가 ☐☐☐ 을 펴고 탈출했어.

2) 더러운 물이 내려가는 ☐☐☐ 가 막혀서 냄새가 심해.

3) 두더지는 땅 아래 ☐☐☐ 를 건너서 이동했어.

4) 내리실 분은 ☐☐ 벨을 눌러 주십시오.

5) 백성을 잘 보살핀 상으로 임금님께서 ☐☐ 품을 내렸어요.

4 문장에 어울리는 낱말을 골라 ○표 하세요.

1) 남쪽으로 내려가는 것은 (남하 / 북상)라고 해.

2) 빨리 (등교 / 하교) 준비해. 이러다 지각하겠어.

3) 18세 (이하 / 하단) 입장 금지.

4) 나는 다리에 살이 많은 (상체 / 하체) 비만이야.

5) 6월에서 12월은 한 해의 (상반기 / 하반기)야.

5 그림을 보고, 빈칸에 들어갈 알맞은 사자성어를 쓰세요.

모기 녀석, 어디 간 거야?

킥킥, 나 여기 있는데….

등잔 밑이 어둡다.

→

6 글자판의 가로, 세로, 대각선 방향으로 여러 낱말이 숨어 있어요. 설명을 읽고, 알맞은 낱말을 골라 ○표 하세요.

1) 0 ℃보다 낮은 온도

2) 남쪽으로 내려옴

3) 한 해를 둘로 나누었을 때 뒤쪽 절반의 시기

4) 배에 올라탐

5) 지하에 있는 길

6) 학교를 마치고 집으로 돌아감

등	승	낙	신	단	명
행	선	불	남	하	품
북	이	수	구	금	교
영	전	지	하	도	순
하	석	사	탄	반	온
유	료	화	산	광	기

신하

수하

부하

하사

하사금

하사품

전하

하차

승차

승선

하선

등교

하교

하수구

하반기

하권

하락

물을 오랫동안 마시지 않으면 정말 괴롭죠?

그런데 사막에서 비싸게 산 물이 따뜻한 물, 온수(溫水)였군요.

차가운 물인 냉수(冷水)면 좋았을 텐데요.

수(水)는 바로 '물'을 뜻
해요. 시냇물이 흐르는
모양을 본뜬 한자지요.

'물 수(水)'가 들어가는 다른 낱말도 더 알아볼까요?

먹는 물은 식□ , 맛을 즐길 수 있도록 만든 물은 음료□ ,

샘에서 나는 맑은 물은 생□ ,

약처럼 몸을 낫게 하는

효과가 있는 물은 약□예요.

앗! 마신 물이 바닷물이었나 봐요.

바닷물은 해수,

바닷물이 아닌

소금기 없는 물은

담수라고 해요.

水	물 수

온수(溫따뜻할 온 **水)**
따뜻한 물

냉수(冷찰 냉 **水)**
차가운 물

식수(食먹을 식 **水)**
먹는 물

음료수
(飲마실 음 料재료 료 **水)**
맛을 즐길 수 있는 물

생수(生날것 생 **水)**
샘에서 나는 맑은 물

약수(藥약 약 **水)**
약처럼 몸을 낫게 하는 효과가
있는 물

해수(海바다 해 **水)**
바닷물

담수(淡맑을 담 **水)**
소금기 없는 물, 민물

18

水   물 수

■ 지하수(地땅 지 下아래 하 水)
땅속의 빈틈을 채우고 있는 물

■ 지표수(地 表겉 표 水)
땅 위에 있는 모든 물

■ 표층수(表 層층 층 水)
수면 가까이에 있는 바닷물

■ 심해수(深깊을 심 海水)
바다 깊은 곳에 있는 물

■ 유수(流흐를 유 水)
흐르는 물

물이 있는 장소에 따라 물을 부르는 이름이 달라지기도 해요.
땅속에 있는 물은 지하수(地下水)라고 하지요.

그럼 강·시내·호수·바닷물 등 땅 위에 있는 물을 가리키는 말은
다음 중 무엇일까요? (   )

① 지표수   ② 표층수   ③ 심해수

정답은 ①번, 지표수예요. 지표수는 지구의 표면, 즉 땅 위에 있는
모든 물을 말하죠. 바닷물도 지구의 표면에 있으니 지표수겠죠.
바닷물 중에서 수면 가까이에 있는 물은 표층수라고 해요. 바다 깊
은 곳에 있는 물은 심해수(深海水)라고 하고요.

하루살이가 빨리 흘러가는 세월
을 아쉬워하고 있어요. 오른쪽
그림의 빈칸에 들어갈 알맞은 말
은 무엇일까요? (   )

세월이
□□와 같구나.

① 식수   ② 유수   ③ 해수

정답은 ②번, 유수예요.
유수(流水)는 강물과 같이 '흐르는 물'을 가리키는 말이지요.
'세월이 유수와 같다'는 말은 세월이 흘러가는 물처럼 빨리 지나가
서 잡을 수 없기 때문에 아쉬워하는 말이에요.

🔔 낙수와 폭포수
빗물이나 눈 또는 고드름이 녹
은 물 등이 처마 끝에서 떨어지
는 것, 또는 그 물을 낙수(落 떨
어질 낙 水)라고 해요. 한편, 폭
포수(瀑폭포 폭 布베 포 水)는
높은 절벽에서 떨어지는 물을
말해요.

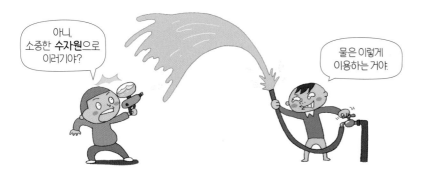

물은 수많은 쓰임새가 있어요. 그래서 물을 수자원(水資源)이라고 불러요. 일상생활에 쓰는 물은 생활용수, 공업에 쓰는 물은 공업용수라고 불러요.

용수란 '이용하기 위해 끌어 온 물'을 뜻하거든요. 이 물이 오고 가는 길이 바로 수도(水道) 혹은 수도관이죠.

수도는 크게 두 가지가 있어요. 알맞은 뜻을 연결해 보세요.

1) 쓰기 전의 맑은 물이 나오는 수도 •   • 하수도
2) 쓰고 난 더러운 물을 보내는 수도 •   • 상수도

정답은 1) 상수도, 2) 하수도예요.
물은 위에서 아래로 흐르는 것이니 이해하기 쉽지요?
물을 이용해 운동을 하기도 해요.
빈칸을 채워 낱말을 완성해 보세요.
물속을 헤엄치는 일은 □영,
물 위에서 타는 스키는 □상 스키,
물속에 자맥질하여 들어가는
것은 잠□예요.
물을 이용해서 물건을
운반할 수도 있어요. 이것을
수운(水運)이라고 하지요.
운(運)이 나르다는 뜻이거든요.

水　물 수

수자원(水 資재물 자 源근원 원)
농업, 공업, 발전용 등의 자원이 되는 물

용수(用쓸 용 水)
이용하기 위해 끌어온 물

생활용수
(生살 생 活살 활 用水)
일상생활에 쓰이는 물

공업용수(工만들 공 業일 업 用水)
공업에 쓰이는 물

수도(水 道길 도)
물이 다니는 길

수도관(水 道 管대롱 관)
수돗물을 보내는 관

상수도(上윗 상 水 道)
쓰기 전의 맑은 물이 나오는 수도

하수도(下아래 하 水 道)
쓰고 난 더러운 물을 보내는 수도

수영(水 泳헤엄칠 영)
물속을 헤엄치는 일

수상(水 上위 상) 스키
물 위에서 타는 스키

잠수(潛자맥질할 잠 水)
물속에 자맥질하여 들어가는 것

수운(水 運운반할 운)
물을 통해 물건을 운반함

水 물 수

- **수증기**(水 蒸김날 증 氣공기 기)
기체로 되어 있는 물
- **강수**(降내릴 강 水)
비, 눈, 우박, 안개 등이 지상에 내린 물
- **강수량**(降水 量양 량)
일정 기간 동안 일정한 곳에 내린 물의 총량
- **습기**(濕젖을 습 氣)
물기가 많아 젖은 듯한 기운
- **수분**(水 分부분 분)
물기, 물 성분
- **저수지**
(貯저장할 저 水 池연못 지)
물을 저장해 두는 연못
- **급수**(給줄 급 水)
물을 공급함
- **배수**(排밀어낼 배 水)
물을 밀어서 내보냄

물에 열을 가하면 부글부글 끓으면서 기체로 변해요.
이것을 수증기라고 하지요. 수증기는 가벼워서 공기 중에 떠다녀요.
물은 공기 중에 떠다니다 하늘로 올라가 구름이 되고,
다시 비나 눈으로 땅에 내려오지요.
이렇게 내려온 물을 모두 합하여 강수(降水)라고 해요.
일정 기간 동안 일정한 곳에 내린 강수의 양은 강수량이지요.
그런데 습기는 강수량에 포함되지 않아요.
습기는 물기가 많아 젖은 듯한 기운을 뜻하거든요. 공기의 상태를
나타내는 말일 뿐, 강수량에는 포함되지 않지요.
참, 여기서 물기는 한자어로 수분(水分)이라고 해요.
비가 너무 많이 내리면 홍수가 되고, 너무 적게
내리면 가뭄이 되지요. 이것을 적당하게 조절하기
위해 저수지를 만들어요.
저수지는 물을 저장해 두는 곳이에요. 한편, 물을 공급
하는 것은 급수, 다 쓴 물을 내보내는 것은 배수예요.

물 수

온수
냉수
식수
음료수
생수
약수
해수
담수
지하수
지표수
표층수
심해수
유수
낙수
폭포수
수자원
용수
생활용수

1 공통으로 들어갈 한자를 따라 쓰세요.

온
용 ─ 지 하 ─ 水 ─ 강 량 ─ 상
담 영
분

물 수

2 어떤 낱말에 대한 설명인지 쓰세요.

1) 약처럼 몸을 낫게 하는 효과가 있는 물 → ☐☐

2) 가정에서 쓰고 버리는 물을 보내는 수도 → ☐☐☐

3) 기체 상태로 되어 있는 물 → ☐☐☐

4) 물을 저장하는 연못 → ☐☐☐

5) 비, 눈, 우박, 안개 등이 지상에 내린 물 → ☐☐

3 알맞은 낱말을 찾아 문장을 완성하세요.

1) 이 물은 오염되어서 마시는 ☐☐(으)로 사용할 수 없어요.

2) 해녀가 물속으로 ☐☐하여 전복과 소라를 따 왔어요.

3) 이 온천은 바닷물을 이용한 ☐☐ 온천입니다.

4) 강이나 바다를 이용해 물건을 나르는 것을 ☐☐(이)라고 해.

5) 콜라는 내가 가장 좋아하는 ☐☐☐야.

4 문장에 어울리는 낱말을 골라 ○표 하세요.

1) 보일러가 고장 나서 (냉수 / 온수)가 안 나와요.

2) 실내는 공기 중의 (강수 / 수분)이 부족해서 건조해요.

3) 가뭄이 들어 마을에 (급수 / 배수)를 하고 있어.

4) 이 물은 바다 깊은 곳에 있는 (심해수 / 표층수)여서 깨끗해요.

5) 거북이는 땅에서는 느리지만 물속에서는 (수영 / 수상)을 잘해요.

5 빈칸에 공통으로 들어갈 알맞은 낱말을 쓰세요.

> 엄마 : 쓰레기 매립장 건설로 인해 □□□가 오염될까 봐 걱정이에요.
> 아빠 : 그러게. 우리 동네에는 상수도 시설이 없어 □□□를 끌어 올려
> 생활용수로 쓰기 때문에 심각한 문제예요.

6 그림과 어울리는 낱말을 연결하세요.

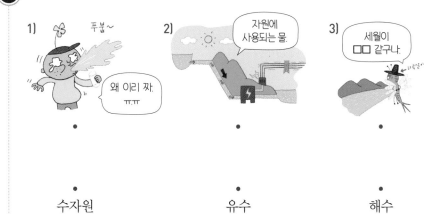

1) 푸웁~   왜 이리 짜. ㅠ.ㅠ

2) 자원에 사용되는 물.

3) 세월이 □□ 같구나.

• 수자원   • 유수   • 해수

공업용수

수도

수도관

상수도

하수도

수영

수상 스키

잠수

수운

수증기

강수

강수량

습기

수분

저수지

급수

배수

평(平)발은 평평(平平)한 발이에요. 우리 발바닥은 대개 가운데가
오목하게 들어가 있어요. 하지만 안 그런 사람도 있지요.
위 그림의 버섯처럼, 발바닥이 평평한 평발도 있어요.
이처럼 평(平)은 평평하다는 뜻이에요.
평평하다는 '높낮이에 차이가 없다', '한결같다'란 말이지요.

오른쪽 그림의 빈칸에 알맞
은 말은 무엇일까요? (   )

① 수직선   ② 국제선
③ 수평선

정답은 ③번 수평선이에요. 바닷물과 하늘이 맞닿아 경계를 이루는
선은 모양이 항상 평평해요. 그래서 수평선(水平線)이라고 하지요.
평(平)이 들어가는 다음 낱말을 완성해 볼까요?
평평한 표면은 ☐면,
기울어지지 않고 반듯한 땅은 ☐지,
땅 끝과 하늘이 경계를 이루는 평평한 선은 지☐선이에요.

平 평평할 평

■ **평평(平平)**
높낮이에 차이가 없음

■ **평(平)발**
발바닥에 오목하게 들어간 데
가 없이 평평한 발

■ **수평선(水**물수 **平 線**선선**)**
물과 하늘이 경계를 이루는 평
평한 선

■ **평면(平 面**표면면**)**
평평한 표면

■ **평지(平 地**땅지**)**
평평한 땅

■ **지평선(地平線)**
땅과 하늘이 경계를 이루는 평
평한 선

다음 중 수평선과 모양이 가장 비슷한 것은 무엇일까요? (   )

<table>
<tr><td>平</td><td>평평할 평</td></tr>
</table>

정답은 ①번이지요. 그림 속 장대는 높낮이가 같지만 시소와 저울은 높낮이가 다르잖아요. 이렇게 어느 쪽으로도 기울지 않고 평평한 모양을 수평(水平)이라고 해요.

왜 '물 수(水)' 자를 쓰냐고요? 원래 물이 잔잔할 때 모습이 평평하기 때문이에요.

平 평평할 평

■ 수평(水平)
기울어지지 않고 평평한 모양

🔔 '편평하다, 판판하다, 반반하다, 반듯하다, 고르다'는 모두 '평평하다'와 비슷한 말이에요. '기울어지다, 치우치다, 기우뚱하다, 경사지다'는 반대말이죠.

3시간 후

두 개미가 만나지 못하는 것은 두 레일 사이의 □□가 항상 똑같기 때문이에요. 빈칸에 들어갈 말은 무엇일까요? (   )

① 넓이   ② 크기   ③ 거리   ④ 높이

정답은 ③번, 거리예요. 이처럼 나란히 나아가는 두 직선 사이의 거리가 처음부터 끝까지 똑같은 것을 평행(平行)이라고 해요.

평행한 직선은 평행선이지요. 이때 평(平)은 높낮이가 같다는 말이 아니라, '나란하다', '거리가 한결같다'는 뜻이에요.

그럼 평행선은 언젠가는 서로 만날까요?

아니에요. 둘 사이의 거리가 항상 같으니, 둘은 절대로 만날 수 없는 선이지요.

平 나란할 평

■ 평행(平 行갈행)
나란히 감
■ 평행선(平行線)
나란히 가는 둘 이상의 직선

🔔 우리 사이는 평행선
'너와 난 영원한 평행선이다'라는 말은 둘 사이의 생각이나 입장 차이가 결코 좁혀지지 않는다는 말이에요. 사람 사이를 평행선에 빗대어 표현한 거지요.

오른쪽 그림의 빈칸에 알맞은
말은 무엇일까요? (   )

① 평평   ② 평행
③ 평등   ④ 평원

平   고를 평

■ 평등(平 等같을등)
차별 없이 고르고 한결같음
■ 공평(公치우침 없을 공 平)
치우치지 않고 고름

정답은 ③번 평등이에요. 평등(平等)은 차별없이 고르고 한결같다
는 말이에요. 비슷한 말로 공평이 있지요.

공평(公平) 역시 치우치지 않고 고르다는 뜻이에요.

반찬을 차이 나게 주면 싸움이 나고, 차이 없이 평등하게 주면 평화
로워져요. 이처럼 평(平)에는 평화롭다는 뜻도 있어요.

'평화로울 평(平)'이 들어간 다른 낱말도 완성해 볼까요?

전쟁이 없는 조용하고 편안한 상태는 ☐화,

평화롭고 조용한 것은 ☐온,

마음에 아무런 걱정이 없는 것은 ☐안이지요.

平   평화로울 평

■ 평화(平 和화목할 화)
전쟁이 없는 조용하고 편안한
상태
■ 평온(平 穩편안할 온)
평화롭고 조용함
■ 평안(平 安편안할 안)
마음에 아무 걱정이 없음
■ 태평(太클 태 平)
크게 평화로움, 온 세상이 평
안함
■ 태평양(太 平 洋큰바다 양)
크고 평화로운 바다
■ 태평소(太 平 簫퉁소 소)
태평함을 노래하는 퉁소

이 바다는
엄청 크고 잔잔하네.
내 이 바다를
태평양이라 부르겠노라.

1520년
마젤란

세계에서 제일 큰 바다인 태평양(太平洋)은 크고 평화로운 바다라
는 뜻이에요. 그럼 '태평하다'는 말은 무슨 뜻일까요? 크게 평화롭
다는 뜻이지요. 온 세상이 안정되어 모든 사람들이 아무 근심 걱정
없고 평안한 상태를 말해요.

농악에서 '삘릴리 삘릴리' 하며 흥겨운 가락을 내는 악기가 하나 있
죠? 바로 태평소예요. 태평소는 세상의 태평함을 노래하는 퉁소라
는 뜻의 이름이지요.

🔔 **태평하다**

사람의 성격을 가리킬 때도 '태
평'이란 말을 써요. 이때는 성
격이 느긋하여 마음에 아무런
근심 걱정이 없다는 말이에요.
예컨대 할 일이 태산같이 많은
데 잠만 자고 있는 사람을 가리
켜 '태평하다'라고 하죠.

平　보통 평

■ **평범**(平 凡보통 범)
특별하거나 두드러진 데가 없음, 보통

■ **평일**(平 日날 일)
휴일이 아닌 보통 날

■ **평상시**
(平 常언제나 상 時때 시)
보통 때 늘

■ **평상복**(平 常 服옷 복)
평상시에 입는 옷

■ **평이**(平 易쉬울 이)
평범하고 쉬움

■ **평작**(平 作지을 작)
보통 정도의 수확

■ **평년**(平 年해 년)
평작을 거둔 해

■ **평민**(平 民사람 민)
벼슬이 없는 보통 사람

■ **평사원**
(平 社회사 사 員사람 원)
지위가 높지 않고 특별한 직책이 없는 보통 사원

시베리아호랑이 중에서 백호는 10만 마리에 1마리꼴로 태어난대요. 그러니 백호는 특별한 호랑이죠. 하지만 나머지 9만 9천 999마리는 생김새가 별 차이가 안 나요. 이런 걸 평범하다고 해요.
평범(平凡)은 특별하거나 두드러진 데가 없다는 말이지요.
여기서 평(平)은 '보통'을 뜻해요. 다른 낱말을 완성해 볼까요?
토요일, 일요일은 특별한 날, 쉬는 날, 그래서 휴일이지요.
월~금요일은 흔한 날, 평범한 날, 그래서 ☐일,
보통 때는 ☐상시, 평상시에 입는 옷은 ☐상복,
시험 문제 같은 것이 평범하고 쉬울 때는 ☐이하다고 말해요.
농사 결과가 좋으면 풍작, 나쁘면 흉작, 보통이면 ☐작이에요.
풍년도 흉년도 아닌 보통 수확을 올린 해는 ☐년이지요.
조선 시대에는 사람 사이에 신분의 높고 낮음이 있었어요.
왕이 제일 위, 그 아래에 양반, 제일 아래엔 보통 사람들이 있었죠.
이 보통 사람들을 평민(平民)이라고 했어요. 오늘날은 신분이 없는 사회라서 '평민'이란 말을 안 써요. 다만, 회사에서 특별한 직책이 없는 보통 회사원을 평사원이라고 하지요.

平
평평할 평

| 평평 |
| 평발 |
| 수평선 |
| 평면 |
| 평지 |
| 지평선 |
| 수평 |
| 평평하다 |
| 평행 |
| 평행선 |
| 평등 |
| 공평 |
| 평화 |
| 평온 |

1 공통으로 들어갈 한자를 따라 쓰세요.

수
태 — 태 양 — 平 — 지 선 — 발
공 — 화
평평할 평 — 일

2 어떤 낱말에 대한 설명인지 쓰세요.

1) 평평한 땅 → ☐☐

2) 기울어지지 않고 평평한 모양 → ☐☐

3) 전쟁이 없는 조용하고 편안한 상태 → ☐☐

4) 특별하거나 두드러진 데가 없이 보통임 → ☐☐

5) 지위가 높지 않고 특별한 직책이 없는 사원 → ☐☐☐

3 알맞은 낱말을 찾아 문장을 완성하세요.

1) 바닷가에서 하늘과 바다가 만나는 ☐☐☐을 바라보다.

2) 두 직선이 서로 만나지 않고 나란히 가는 선은 ☐☐☐이야.

3) 시험 잘 봤구나? 시험 문제가 복잡하지 않고 너무 ☐☐했지?

4) 우리 집 TV는 평평하고 반듯한 ☐☐ TV야.

5) 난 ☐☐한 게 싫어. 난 특별한 게 좋아.

4 문장에 어울리는 낱말을 골라 ○표 하세요.

1) 풍년이 들어 백성들이 아주 (평안 / 평등)하군.

2) 철이가 영희보다 무거워서 시소가 (수평 / 태평)이 되지 않네.

3) 피자를 (평안 / 공평)하게 나눠 줘야 싸움이 일어나지 않아.

4) 할 일이 많은데 걱정 없이 잠만 자다니 (태평하군 / 평행선이군).

5) 채윤이는 평상시에 입는 (평상복 / 평이복)도 잘 어울려.

평안
태평
태평양
태평소
태평하다
평범
평일
평상시
평상복
평이
평작
평년
평민
평사원

5 다음 중 '평평할 평(平)' 자와 가장 잘 어울리는 그림을 고르세요. (　　)

① ② ③ ④

6 그림과 어울리는 낱말을 연결하세요.

평일　　　　　　　평상복　　　　　　　평상시

가열(加熱)은 열을 더한다는 말이에요. 가열하면 프라이팬도 뜨겁게 달구어지고, 냄비에 있는 라면 물도 팔팔 끓잖아요.

그 라면을 더 맛있게 먹으려면? 파 송송 계란 탁 넣으면 맛있겠죠! 이렇게 맛을 더하는 것을 가미(加味)라고 하죠. 이때 가열과 가미의 가(加)는 더하다는 뜻이에요.

속도를 더해 높이면 가속,

습기를 더하면 가습,

압력을 더해 높이면 가압,

세력을 더하면 가세예요.

돼지 동창회에 웬 소시지?

소시지는 돼지고기를 ☐☐해서

만드니까 동창이라고 생각했나 봐요.

加	더할 가

- **가열**(加 熱열열)
  열을 더함
- **가미**(加 味맛 미)
  맛을 더함
- **가속**(加 速속도 속)
  속도를 더함
- **가습**(加 濕습기 습)
  습기를 더함
- **가압**(加 壓압력 압)
  압력을 더함
- **가세**(加 勢세력 세)
  세력을 더함

🔔 가습기(加濕 器그릇 기)는 건조한 겨울철에 실내에 습기를 더하기 위해 사용하는 기계예요.

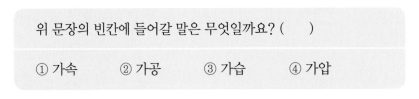

위 문장의 빈칸에 들어갈 말은 무엇일까요? (   )

① 가속   ② 가공   ③ 가습   ④ 가압

정답은 ②번, 가공이에요.

30

가공은 자연에서 난 것들에 사람의 손길을 더해 만들었다는 뜻이죠.
요즘 도시에서 먹는 것들은 대개 가공된 음식이에요.
라면, 카레, 빵, 과자, 통조림, 햄버거 등은 모두 가공식품이지요.
우유를 가공하면 '젖 유(乳)' 자를 넣어 유가공이라고 해요.
치즈, 버터, 요구르트 등이 유가공 제품이에요.
우리가 길거리에서 사 먹는 쥐포나 문어 다리는
수산물 가공품이고요.
물에서 난 생산물을 먹기 쉽게 가공한 것들이지요.
식품 첨가물은 식품에 첨가하는 물질을 말해요. '보탤 첨(添)'에 '더
할 가(加)' 자가 합쳐져 보태어 더한다는 뜻이에요.
식품 첨가물은 주로 가공식품에 들어가는데, 어떤 첨가물이 들어갔
는지 식품 포장 뒷면에 적혀 있어요.

토끼 양이 일부러 때린 건 아니지만
조심해야겠죠?
이렇게 남을 때리는 것은 ☐ 격,
남에게 해를 입히는 것은 ☐ 해예요.
빈칸에 공통으로 들어갈 말은 뭘까요?
맞아요. '가'에요.
이때의 가(加)는 '당하게 하다'라는
뜻으로 쓰였지요.

속도를 더하는 것을 '가속'이라고 했지요? 가속하면 속도가 늘어나
요. 그럼 눌러서 압력을 더하는 것을 뭐라고 할까요?
맞아요. 가압이에요.

'늘어나다'를 한자어로 뭐라고 할까요? (   )

① 성장   ② 발전   ③ 증가   ④ 전진

加 **더할 가**

■ **가공**(加 工만들 공)
사람의 손길을 더해 만든 것

■ **가공식품**
(加工 食먹을 식 品물건 품)
가공해 만든 먹을거리

■ **유가공**(乳젖 유 加工)
우유를 가공함

■ **수산물 가공품**(水물 수 産날
산 物물건물 加工品)
물에서 난 것을 가공한 물건

■ **첨가**(添보탤 첨 加)
보태어 더함

加 **당하게 할 가**

■ **가격**(加 擊칠 격)
남을 때림

■ **가해**(加 害해 해)
남에게 해를 입힘

■ **가해자**(加害 者사람 자)
해를 입힌 사람

■ **피해자**(被당할 피 害者)
피해를 당한 사람

피해자는
가해자의
반대말이야!

잘 맞혔나요? 맞아요. 정답은 ③번 증가(增加)예요.
속도가 두 배로 늘어나면 속도가 배가(倍加)되었다고 하지요.
이렇게 가(加)는 '늘어나다'는 뜻으로도 쓰여요.

8그릇째…

아저씨! 여기
자장면 하나
□□요!

위 그림의 빈칸에 들어갈 말은 뭘까요? (   )

① 추리   ② 추수   ③ 추가   ④ 추적

정답은 ③번, '추가'예요. 가(加)에는 덧붙이다라는 뜻이 있어요.
그래서 추가는 뒤따라 덧붙인다는 말이 되지요.
비슷한 말로 부가가 있는데, 주가 되는 것에 덧붙인다는 말이에요.
휴대 전화를 쓸 때 부가 서비스를 신청하기도 하지요? 전화 통화
말고도 문자 보내기, 인터넷 사용 등 다른 것을 더 할 수 있단 말
이에요.

무선 인터넷
5만 5천 원?

부들
부들~

휴대 전화 요금

뭐가 그리
많이 나왔대?

휴대 전화로 무선 인터넷을 너무 많
이 써서 가외로 요금이 나왔네요.
　가외(加外)는 원래 있던 것 외에
덧붙이는 것을 말해요. 필요밖
의 것을 뜻하지요.
　원래 예정에 없이 생긴 돈은 가윗
돈이고, 원래 예정에 없이 하게 된
일은 가윗일이라고 해요.
　시험을 망쳤다고요? 신의 가호가 있기를 빌어요.
여기서 가호는 부처님이나 하느님이 보호해 준다는 말이에요.

加 늘어날 가

■ **증가**(增늘어날증 加)
늘어남
■ **배가**(倍배 배 加)
두 배로 늘어남

加 덧붙일 가

■ **추가**(追따를추 加)
뒤따라 덧붙임
■ **부가**(附붙일부 加)
주가 되는 것에 덧붙임
■ **가외**(加 外밖 외)
원래 있던 것 외에 덧붙이는 것
■ **가윗**(加 外)돈
가외로 생긴 돈
■ **가윗**(加 外)일
가외로 하게 된 일
■ **가호**(加 護보호할호)
신이 보호해 줌

오른쪽 그림 좀 보세요. 호랑이가 채식 동아리에 들겠대요.

그런데 그림의 빈칸에 들어갈 말은 뭘까요? (   )

① 가출   ② 가방   ③ 가입

정답은 ③번, 가입이지요. 가(加)에는 '어떤 곳에 들어가다'
는 뜻이 있거든요. 동아리 같은 단체에 들어가는 건
가입(加入)이지요. 가입할 때 내는 돈은? 가입비고요.
가입과 비슷한 말로 참가(參加)도 있어요.
참가는 단체에 들어가 일에 참여한다는 뜻이지요.

한 개인이 단체에 들어가는 건 '가입'이에요. 그럼 한 단체가
더 큰 단체에 들어가는 건 뭘까요? (   )

① 가입   ② 가담   ③ 가맹   ④ 가장

정답은 ③번, 가맹이에요.
가맹(加盟)은 단체에 들어가겠다
고 맹세한다는 뜻이에요.
요즘에는 가게를 내려는 개인이
본점의 회사와 계약하여 지점을 여는 것도
'가맹'이라고 해요. 본점과 지점이 사업 약속을
한 가게라서 가맹점이라고 하지요.

加 들어갈 가

- **가입**(加 入들입)
  단체에 들어감
- **가입비**(加入 費비용 비)
  가입할 때 내는 돈
- **가입자**(加入 者사람 자)
  가입한 사람
- **참가**(參참여할참 加)
  단체에 들어가 일에 참여함
- **참가자**(參加 者사람 자)
  참가한 사람
- **가맹**(加 盟맹세 맹)
  단체에 가입함
- **가맹점**(加 盟 店가게 점)
  가맹한 가게

가열	가속	가습	가공	가격	가해
증가	추가	가외	가호	가입	가맹

加
더할 가

가열

가미

가속

가습

가압

가세

가습기

가공

가공식품

유가공

수산물
가공품

첨가

가격

가해

가해자

피해자

① 공통으로 들어갈 한자를 따라 쓰세요.

| 미 | | | | | | 증 |

공 — 유 공 — 加 — 참 자 — 추

| 격 | | | 더할 가 | | | 부 |

② 어떤 낱말에 대한 설명인지 쓰세요.

1) 속도를 더함 ➡ ☐☐

2) 남에게 해를 입힘 ➡ ☐☐

3) 압력을 더함 ➡ ☐☐

4) 우유를 가공함 ➡ ☐☐☐

5) 가외로 생긴 돈 ➡ ☐☐☐

③ 알맞은 낱말을 찾아 문장을 완성하세요.

1) 라면은 가공해서 만든 대표적인 ☐☐ 식품이지.

2) 하나님, 부처님 알라신과 공자의 ☐☐ 가 있기를….

3) 이번에 새로 ☐☐ 한 회원입니다. 잘 부탁드립니다.

4) 여기 자장면 한 그릇 더 ☐☐ 요.

5) 건조한 겨울철에는 건조해서 습기를 더해 주는 ☐☐☐ 를 켜.

4 문장에 어울리는 낱말을 골라 ○표 하세요.

1) 저 아이가 해를 입힌 (가해자 / 피해자)라고요.

2) 저 아이템만 확보하면 공격력이 (배가 / 부가) 될 텐데.

3) 고객님! 통화료 외에 비싼 (부가 / 첨가) 서비스에 가입되셨습니다.

4) 우리 동네에 채식 사랑 (가맹 / 가입)점 1호가 문을 열었어요.

5) 아빠는 원래 없는 (가욋 / 증가)일이 생겨서 야근 중이야.

5 다음 중 빈칸에 들어갈 알맞은 낱말을 고르세요. (   )

① 가맹   ② 가속   ③ 추가   ④ 가입

6 다음 중 열을 더하는 '가열'이 <u>아닌</u> 것을 고르세요. (   )

①

②

③

④

증가
배가
추가
부가
가외
가욋돈
가욋일
가호
가입
가입비
가입자
참가
참가자
가맹
가맹점

씨글자 기본 어휘

重
무거울 중

무거운 코끼리는
중량급!

이런, 코끼리의 체중을 잴 수가 없군요. 체중이란 몸무게를 말해요.
이때 중(重)은 '무게'를 뜻하고요. 코끼리가 권투 시합을 한다면 중
량급에 출전을 해야 할 거예요. 중량급은 무거운 등급이라는 말이
거든요. 이때의 중(重)은 '무겁다'는 뜻이지요.

重	무게 무거울 중

■ 체중(體몸체 重)
  몸무게
■ 중량급(重 量양량 級등급급)
  무거운 등급
■ 하중(荷짐하 重)
  물건의 무게
■ 중심(重 心중심심)
  무게 중심
■ 중심(中가운데중 心)
  가운데

물건의 무게를 뜻하는 낱말은 다음 중 무엇일까요? (   )

① 물가   ② 시중   ③ 하중

정답은 ③번, 하중이에요. 옆의 그림을
보세요.
책상이 책들의 하중에 짓눌려 힘들어 하고 있
어요. 이를 '하중을 견디다'라고 표현하지요.
'무게의 중심(中心)'은 중심(重心)이라고 해
요. 무게 중심을 손가락으로 받치면 물건이
한쪽으로 쏠리지 않고 중심을 잡겠지요.
그냥 '가운데'를 뜻하는 중심(中心)과는
그 한자가 다르니 주의하세요.

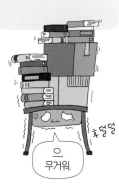

으 무거워.

여기는 **무게의 중심**(=重心).

한가운데는 **중심**(中心).

■ **거중기**(舉들거 重 機기계기)
= **기중기**(起일어날기 重 機)
무거운 물건을 들어올리는
기계

■ **중장비**(重 裝차릴장 備갖출비)
공사를 위해 현장에 갖추어 놓
은 무거운 장치

■ **중화기**(重 火불화 器도구기)
무겁고 화력이 센 무기

■ **중공업**(重 工만들공 業일업)
비교적 무거운 물건을 만드는
산업

조선 시대의 대표적인 실학자 정약용은 성을 쌓기 위해 거중기를 발명했어요. 이 거중기는 수원 화성을 짓는 데 큰 도움이 되었어요.

거중기란 무거운 물건을 들어 올리는 기계를 뜻해요.

오늘날에도 비슷한 기계가 있어요. 바로 기중기예요.

기중기도 무거운 물건을 들어 올리는 기계이지요. 기중기처럼 공사 현장에서 쓰이는 무거운 기계를 중장비라고 해요. 공사를 위해 현장에 갖추어 놓은 무거운 장치라는 말이에요.

낱말과 낱말의 뜻을 바르게 연결해 보세요.

1) 무겁고 화력이 센 무기 • • 중공업
2) 기계, 배 등 무거운 물건을 만드는 산업 • • 중화기

정답은 1) 중화기, 2) 중공업이에요.
무거운 물건을 실어 나르며 심하게
일하는 것을 중노동이라고 해요.
이때 중(重)은 심하다는
뜻으로 쓰여요.
다음 빈칸을 채워 보세요.
심한 병은 □병,
심한 상처는 □상,
심한 병을 앓는 사람은 □환자.

■ **중노동**
(重 勞힘쓸노 動움직일동)
심한 노동

■ **중병**(重 病병병)
심한 병

■ **중상**(重 傷다칠상)
심한 상처

■ **중환자**(重 患병환 者사람자)
심한 병을 앓는 사람

重 중요할 중

■ **귀중품**(貴귀할귀 重 品물건품)
귀하고 중요한 물건

■ **중요**(重 要중요할요)
귀중하고 요긴함

■ **중요성**(重要 性성질성)
중요한 성질

■ **중요시**(重要 視볼시)
중요하게 봄

■ **중점**(重 點점점)
중요한 점

■ **중대**(重 大클대)
중요하고 큼

■ **막중**(莫없을막 重)
더할 수 없이 중요함

■ **막중대사**(莫重大 事일사)
더할 수 없이 중요하고 큰일

■ **존중**(尊높을존 重)
높게 보고 귀중하게 대함

■ **애지중지**(愛사랑애 之~것지 重之)
매우 사랑하고 중요하게 여김

■ **비중**(比비교할비 重)
다른 것과 비교해 본 중요도

하하, 선물 받은 자동차를 자랑하고 싶었나 봐요.

그런데 귀중품은 귀하고 무거운 물건이 아니라,

귀하고 중요한 물건이라는 뜻이에요.

이때 중(重)은 '중요하다'라는 뜻으로 쓰였거든요.

빈칸을 채우며 '중요할 중(重)'이 들어간 말들을 알아볼까요?

중요한 점, 중시해야 할 점은 ☐점,

중요하고 큰 것은 ☐대하다,

매우 중요한 것은 막☐하다,

높게 보고 귀중하게 대하는 것은 존☐,

매우 사랑하고 중요하게 여기는 것은 애지☐지,

매우 중요하고 큰일은 막☐대사라고 하지요.

중요한 말들이 참 많네요.

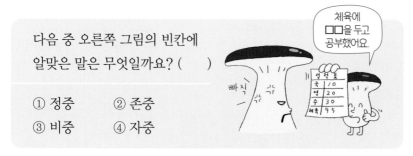

다음 중 오른쪽 그림의 빈칸에
알맞은 말은 무엇일까요? (　　)

① 정중　　② 존중
③ 비중　　④ 자중

맞아요. 정답은 ③번, 비중이에요.

비중(比重)은 '다른 것과 비교해 본 중요도'를 뜻해요.

다른 것보다 중요하면 '비중이 높다', '비중이 크다'라고 말하지요.

반대로 덜 중요하면 '비중이 낮다', '비중이 작다'라고 해요.

강아지의 겉과 속이 다르군요. 사람이라면 '이중인격자'라는 소리를 들겠지요? 이중인격자란 두 가지 인품이 한 몸에 겹쳐 있는 사람이라는 뜻이거든요. 이때 중(重)은 '겹치다', '거듭하다'는 뜻으로 쓰여요. 다음 빈칸을 채워 볼까요? 아홉 개의 담으로 겹겹이

둘러 막은 깊은 궁궐은 구□궁궐,

임금이 살고 있는 궁궐을 말하지요.

다른 말로 구□심처라고도 해요.

끓는 물속에 음식을 담은 그릇을 넣어

익히거나 데우는 것을 중탕이라고 해요.

그릇이 두 개 겹쳐 있기 때문이지요.

중탕

重 겹칠 중

■ **이중인격자**(二두 이 重 人사람 인 格인품 격 者사람 자)
두 가지 인품이 한몸에 겹쳐 있는 사람

■ **구중궁궐**(九아홉 구 重 宮궁궐 궁 闕대궐 궐)
아홉 개의 담으로 겹겹이 둘러 막은 깊은 궁궐, 임금이 있는 대궐 안

■ **구중심처**
(九重 深깊을 심 處곳 처)
밖으로 드러나지 않은 깊숙한 곳

■ **중탕**(重 湯끓을 탕)
끓는 물 속에 음식을 담은 그릇을 넣어 익힘

'신중하다'의 중(重)은 '경솔하지 않고 조심스럽다'는 뜻이에요.
다음 낱말과 낱말의 뜻을 연결해 보세요.

1) 스스로 말과 행동을 조심함 · · 자중
2) 태도나 분위기가 점잖고 조심스러움 · · 정중

잘 맞혔나요? 정답은 1) 자중, 2) 정중이에요.

重 조심할 중

■ **신중**(愼조심할 신 重)
경솔하지 않고 조심스러움

■ **자중**(自스스로 자 重)
스스로 조심함

■ **정중**(鄭점잖을 정 重)
점잖고 조심스러움

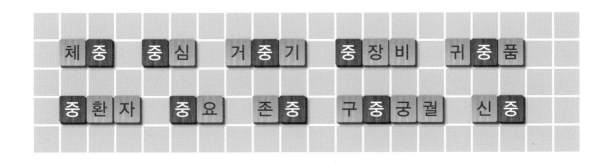

체중 중심 거중기 중장비 귀중품

중환자 중요 존중 구중궁궐 신중

重
무거울 중

체중

중량급

하중

중심(重心)

중심(中心)

거중기

기중기

중장비

중화기

중공업

중노동

중병

중상

중환자

귀중품

중요

중요성

① 공통으로 들어갈 한자를 따라 쓰세요.

체

하 — 거 기 — 重 — 애 지 지 — 심

존 — 무거울 중 — 상 — 요

② 어떤 낱말에 대한 설명인지 쓰세요.

1) 공사를 위해 현장에 갖추어 놓은 무거운 장치 ➡ ☐☐☐

2) 점잖고 조심스러움 ➡ ☐☐

3) 심한 병 ➡ ☐☐

4) 두 가지 인품이 한 몸에 겹쳐 있는 사람 ➡ ☐☐☐☐☐

5) 가운데 ➡ ☐☐

③ 알맞은 낱말을 찾아 문장을 완성하세요.

1) 무하마드 알리는 100kg이 넘는 ☐☐☐ 권투 선수였어.

2) 그렇게 심한 ☐☐☐을 계속하면 건강을 해칠 수도 있어.

3) 정약용은 무거운 물건을 들어 올리는 ☐☐☐를 발명했어요.

4) 의사 선생님이 ☐☐에 걸린 환자를 치료해 주셨어.

5) 그렇게 귀중한 ☐☐☐은 카운터에 맡겼어야지.

4 문장에 어울리는 낱말을 골라 ○표 하세요.

1) 트럭의 (하중 / 체중)에 바퀴가 짓눌려서 터질 것만 같아.

2) 쇼핑할 때는 (신중 / 중요)하게 생각해서 물건을 골라야 해.

3) 기계, 배 등 무거운 물건을 만든 산업은 (중화기 / 중공업)이라고 해.

4) 체육에 (막중 / 비중)을 두고 공부했어요.

5) 스스로 말과 행동을 조심하고 (자중 / 정중)하고 있어라.

5 글자판의 가로, 세로, 대각선 방향으로 여러 낱말이 숨어 있어요.
설명을 읽고 알맞는 낱말들을 골라 ○표 하세요.

1) 중요하고 큼

2) 심한 노동

3) 무거운 물건을 들어 올리는 기계

4) 귀하고 중요한 물건

5) 무겁고 화력이 센 무기

요	결	중	화	기	주
비	중	율	경	중	대
탕	환	화	독	존	귀
거	건	중	동	량	중
중	애	경	노	천	품
기	심	업	연	동	급

6 그림과 어울리는 낱말을 연결하세요.

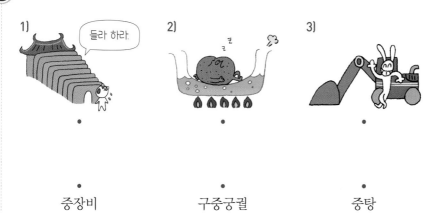

1) 들라 하라.

2)

3)

중장비   구중궁궐   중탕

사이드바 낱말 목록:
중요시
중점
중대
막중
막중대사
존중
애지중지
비중
이중인격자
구중궁궐
구중심처
중탕
신중
자중
정중

여럿 사이에 두루 통하는 공통

다들 얼굴이 크고 주근깨가 있다는 **공통**점이 있군.

낱말에 공(共) 자가 들어가면 '함께, 함께하다, 같게 하다'의 뜻이 돼요. 통(通) 자가 들어가면 '막힘이 없다, 통하다'는 뜻이지요. 이 두 글자가 합쳐진 공통은 여럿이 두루 통하고 관계됨을 뜻해요. 학생들은 공부라는 공통의 관심사가 있잖아요. 공통점은 여럿 사이에 두루 통하는 점이에요. 많은 사람들이 모여 사는 사회에서는 '함께할 공(共)' 자와 '통할 통(通)' 자가 들어간 낱말이 아주 중요하지요.

함께하는 공(共)

공(共) 자가 들어간 말은 대부분 함께하고 같이한다는 의미가 있어요.
공동은 어떤 일을 여럿이 함께하는 것을 뜻해요.
공동생활은 여럿이 함께 생활한다는 뜻이 되겠지요.
이렇게 함께 생활하려면 서로 도우며 살아야 해요.
이를 공존한다고 하는데 서로 도와서 함께 존재한다는 말이에요.
인간은 산, 바다 같은 자연과 동물들 그리고 다른 사람들과 공존하며 살고 있어요. 모두가 평화롭게 공존하기 위해서는 남의 감정과 의견에 대하여 함께 느끼는 공감하는 자세가 필요하겠지요?

共 함께할 공	通 통할 통
여럿이 두루 통하고 관계됨	

■ **공통점**(共通 點점점)
여럿 사이에 두루 통하는 점

■ **공동**(共 同한가지동)
어떤 일을 여럿이 함께하는 것

■ **공동생활**
(共同 生살생 活살활)
여럿이 함께 서로 도우며 사는 생활

■ **공존**(共 存있을존)
함께 존재함

■ **공감**(共 感느낄감)
남의 감정, 의견, 주장에 대하여 자기도 그렇다고 느낌

막힘없이 통하는 통(通)

이제 통(通) 자가 들어간 낱말을 살펴볼까요?

터널이 산허리를 뚫고 지나가는 것처럼 꿰뚫어 통하는 것을 관통하다라고 해요. 총알이 가슴을 관통하기도 하지만 한국사를 관통하는 국민들의 저항의 흐름도 있었지요.

위험 지역을 지나듯이 어떤 곳이나 때를 거쳐서 지나가는 건 통과한다고 말해요. 어떤 심사나 검사에 합격하는 것도 통과했다고 하지요.

사람과 사람 사이에서 필요한 통(通)도 있어요. 바로 소통이에요.

소통은 서로의 생각이나 의견이 막히지 않고 잘 통한다는 말이에요. 바쁜 생활을 하는 현대인들에게, 가족 간의 소통은 무척 중요하답니다. 학생인 우리에게는 친구들과 선생님과의 소통도 중요하겠지요.

서로 잘 통해야 하는 낱말을 빈칸을 채워 가며 알아볼까요?

널리 퍼져 있거나 통하는 생각은 □념,

화폐처럼 공통적으로 두루 쓰이는 건 □용,

세상에 널리 통하는 풍속은 □속,

서로 말이 안 통하는 사람 사이에서 뜻이 통하도록 말을 옮기는 것은 □역이지요.

이렇게 함께 살아가는 사람들이 서로서로 잘 통하는 세상이 되면 싸움과 갈등이 없는 좋은 사회가 되겠네요.

■ **관통**(貫꿰뚫을 관 通)**하다**
꿰뚫어서 통하다

■ **통과**(通 過지날 과)**하다**
어떤 곳이나 때를 거쳐서 지나가다

■ **소통**(疏트일 소 通)
서로의 생각이나 의견이 막히지 않고 잘 통함

■ **통념**(通 念생각할 념)
널리 퍼져 있거나 통하는 생각

■ **통용**(通 用쓸 용)
공통적으로 두루 쓰임

■ **통속**(通 俗풍속 속)
세상에 널리 통하는 풍속

■ **통역**(通 譯번역할 역)
서로 말이 안 통하는 사람 사이에서 뜻이 통하도록 말을 옮김

공통점도 많지만 차이점도 많아

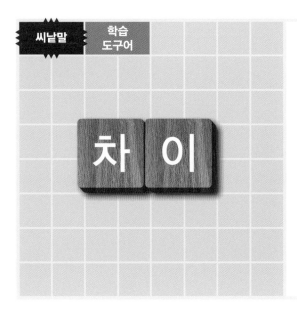

어때? 예쁘지?

옷가게

이웃이 더 예쁜데요? 이게 바로 세대 차이

'세대 차이, 생각 차이, 나이 차이' 등 무언가 서로 다를 때 쓰는 낱말인 차이는 서로 차가 있게 다르다는 뜻이에요. 사람들 사이에는 공통점도 많지만 서로 다른 차이점도 있지요. 앞에서는 '함께, 같게 하다'의 뜻을 지닌 공(共) 자가 들어간 낱말을 익혔고, 이번에는 반대로 '어긋날 차(差)'와 '다를 이(異)'가 들어간 낱말을 익혀 보아요.

차이를 나타내는 차(差)

외국으로 여행 갈 때 가장 신경 쓰이는 것 중 하나가 시차예요.
시차는 시간의 차이를 말하는데 세계에 표준이 되는 시간을 기준으로 정한 각 지역의 시간 차이를 말하지요.
기온 등이 하루에 변화하는 차이는 일교차예요.
계절이 바뀌는 환절기, 그러니까 초봄이나 늦가을의 날씨는 낮에는 따뜻하고 밤에는 추워 일교차가 커지지요.
근로자가 일하고 받는 돈에 차이가 크게 나면 격차가 크다고 해요.
신문 사회면에서 나오는 임금 격차, 빈부 격차는 이런 차이를 뜻해요.
빈칸을 채우며 어떤 차이가 있는지 더 살펴볼까요?
가난한 사람과 부자인 사람, 임금 등의 수준이 서로 벌어져서 다른

差 어긋날 차	異 다를 이

서로 차가 있게 다름

차이점(差어긋날 異다를 點점점)
차이가 나는 점

시차(時때 시 差)
시간의 차이

일교차(日해 일 較견줄 교 差)
기온 등이 하루 동안에 변화하는 차이

격차(隔사이 격 差)
서로 벌어져서 다른 정도

차등(差 等가지런할 등)
차이가 나는 등급

차도(差 度정도 도)
병이 조금씩 나아가는 정도

정도는 격☐, 차이가 나는 능급은 ☐등,
병이 조금씩 나아가는 정도는 ☐도라고 해요.

다름을 나타내는 이(異)

이(異)는 다름을 나타내는 말에 쓰여요.

우리가 흔히 다름을 나타낼 때 '이상하다', '특이하다'라고 말하지요. 보통과는 다른 상태는 이상, 보통 것에 비해서 특별히 다를 때는 특이라고 해요.

또 어떤 일이나 생김새가 기묘하고 이상한 것은 기이하다고 하지요. 예문과 함께 더 살펴볼까요?

이국적은 풍물이나 분위기가 자기 나라와는 다른 것을 말해요.

아!
이국적이야.

딱 봐도
이방인이군.

낮선 나라에 가면 이국적인 풍경에 넋이 나가지요.
이방인은 다른 나라 사람을 말해요. 나라를 잃게 되면 어디를 가든 이방인이 되지요.
이색적은 보통의 것과 색다른 성질이에요. 이질적은 성질이 다른 것이고요. 물과 기름은 이질적이라고 할 수 있겠네요.

이성은 성(性)이 다르다는 뜻으로 남성 쪽에선 여성, 여성 쪽에선 남성을 말하겠죠?

이제 이(異) 자가 들어간 낱말을 보면 뜻을 짐작할 수 있겠네요!

- **이상**(異 狀형상 상)
  보통과는 다른 상태
- **특이**(特특별할 특 異)
  보통 것에 비해서 특별히 다름
- **기이**(奇기이할 기 異)
  기묘하고 이상함
- **이국적**(異 國나라 국 的과녁 적)
  풍물이나 분위기가 자기 나라와는 다른 것
- **이방인**(異 邦나라 방 人사람 인)
  다른 나라 사람
- **이색적**(異 色빛 색 的)
  보통의 것과 색다른 성질을 지닌
- **이질적**(異 質바탕 질 的)
  성질이 다른
- **이성**(異 性성별 성)
  성(性)이 다름. 남성 쪽에선 여성, 여성 쪽에선 남성을 가리킴

일	격	차	특		기	이	이	국	적	이	색	적
교		등	이	상		성	방		질	적
시	차						인		적

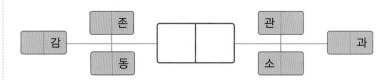

씨낱말 블록 맞추기 — 공통

1 공통으로 들어갈 낱말을 쓰세요.

감 — 존 / 동 — ☐☐ — 관 / 소 — 과

오른쪽 낱말 목록: 공통 / 공통점 / 공동 / 공동생활 / 공존 / 공감 / 관통하다 / 통과하다 / 소통 / 통념 / 통용 / 통속 / 통역

2 주어진 낱말을 넣어 문장을 완성하세요.

1) 공 존 / 감 — 함께 존재하는 것은 ☐☐, 남의 감정, 의견, 주장에 대해 자기도 그렇다고 느끼는 것은 ☐☐이다.

2) 관 통 / 과 — 꿰뚫어서 통하는 것은 ☐☐, 어떤 곳이나 때를 거쳐 지나가는 것은 ☐☐이다.

3) 소 통 / 념 — 서로 생각이나 의견이 막히지 않고 잘 통하는 것은 ☐☐, 널리 퍼져 있거나 통하는 생각은 ☐☐이다.

4) 통 용 / 속 — 공통적으로 두루 쓰이는 것은 ☐☐, 세상에 널리 통하는 풍속은 ☐☐이다.

3 문장에 어울리는 낱말을 골라 ○표 하세요.

1) 엄마랑 나의 꿈에 대해 이야기 나눌 때 (소통 / 공통)이 잘 되면 좋겠어.
2) 좋아하는 친구가 내 말에 (공동 / 공감)을 해 주면 기뻐.
3) 위험한 곳은 빨리 (통과 / 통념)해서 나가야 해.
4) 사람과 자연은 서로 (통용 / 공존)하며 살아가는 관계야.
5) 외국인과 대화가 통하지 않아서 뜻이 통하도록 (통역 / 통속)이 필요해.

1 공통으로 들어갈 낱말을 쓰세요.

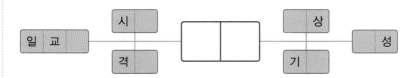

2 주어진 낱말을 넣어 문장을 완성하세요.

1)

시
일 교 차

시간의 차이는 ☐☐, 기온 등이 하루 동안에 변화하는 차이는 ☐☐☐이다.

2)

격 차
도

서로 벌어져서 다른 정도는 ☐☐, 병이 조금씩 나아가는 정도는 ☐☐이다.

3)

특
이 상

보통과 다른 상태는 ☐☐, 보통 것에 비해 특별히 다른 것은 ☐☐이다.

4)

이 국 적
색
적

풍물이나 분위기가 자기 나라와 다른 것은 ☐☐☐, 보통의 것과 색다른 성질은 지닌 것은 ☐☐☐이라고 한다.

5)

기 이
성

기묘하고 이상한 것은 ☐☐, 성(性)이 다른 것은 ☐☐이다.

3 문장에 어울리는 낱말을 골라 ○표 하세요.

1) 판다는 다른 곰들과 달리 (차등 / 특이)하게 생겼어.

2) 먼 나라로 여행을 가면 (격차 / 시차)가 생겨서 많이 힘들어.

3) 나라를 잃으면 (이방인 / 이질적)이 되어 떠돌게 된대.

4) 요즘 가난한 사람과 부사의 (차도 / 격차)가 점점 심해지는 것 같아.

차이
차이점
시차
일교차
격차
차등
차도
이상
특이
기이
이국적
이방인
이색적
이질적
이성

단순한 게 좋아

단 순

콩만 따로 분리해 두거라.

그렇게 **단순**한 일은 콩쥐 시키세요.

다른 일도 내가 한 거 같은데….

지금 머릿속은 단순한가요? 복잡한가요? 복잡하지 않고 간단할 때 단순하다는 말을 써요. 어떤 일이 복잡하지 않고 간단할 때 "그 일은 참 단순해."라고 말하는데요, 여기서 단(單)은 '하나, 홑'을 뜻해요. 순(純)은 섞임이 없는 것을 뜻하죠. 아무것도 섞이지 않아 깨끗한 것을 '순수하다'고 말하잖아요. 이렇게 여러 가지가 섞이지 않은 것, 하나인 것을 뜻하는 낱말을 우리 주변에서 아주 흔하게 접할 수 있어요.

하나를 뜻하는 단(單)

우리나라를 흔히 단일 민족이라고 부르죠? 미국은 백인종, 흑인종, 황인종 등 여러 인종이 섞여 있는 반면에, 우리는 인종이 단 하나인 민족이라는 뜻이에요. 단일은 단 하나로 되어 있다는 뜻이거든요.
가끔 특정한 방송사에서 전 국민적 관심을 일으킨 사건을 단독 보도할 때가 있어요. 단독은 단 한 사람이 홀로 할 때 쓰는 말이에요. 그러니까 이 방송사만 보도한다는 뜻이지요.
'근, 되, 원, 그램, 리터, 미터, 초'는 무엇을 나타낼까요?
단위라고 생각했다면 빙고!

單 홑 단	純 순수할 순
복잡하지 않고 간단함	

■ **단일**(單 一한 일)
단 하나

■ **단독**(單 獨홀로 독)
단 한 사람, 단 하나

■ **단위**(單 位자리 위)
수, 양, 크기 따위를 수치로 나타낼 때 바탕이 되는 기준

■ **단원**(單 元으뜸 원)
어떤 주제나 내용에 따라 하나로 묶은 학습 단위

■ **단행본**(單 行갈 행 本책 본)
연이어 나오지 않고 한 번 발행되는 책

단위는 수, 양, 크기 등을 수치로 나타낼 때 바탕이 되는 기준으로
우리말로는 '하나치'라고 해요.
'교과서 ○단원 ○○쪽을 펴세요.' 수업 시간에 이런 말을 듣지요?
단원은 공부할 주제나 내용에 따라 하나로 묶은 학습 단위예요.
책 중에도 잡지처럼 연이어 나오지 않고, 한 번 발행되는 책은 단행
본이라고 하잖아요.

섞이지 않음을 뜻하는 순(粹)

순수는 다른 것이 전혀 섞이지 않은 것을
말해요. 순면은 다른 것이 전혀 섞이지
않는 순수한 면직물이란 뜻이고요. 순면
100%인 옷은 땀 흡수를 잘하지요.

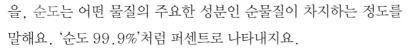

순금은 다른 것이 섞이지 않은 순수한 금
을, 순도는 어떤 물질의 주요한 성분인 순물질이 차지하는 정도를
말해요. '순도 99.9%'처럼 퍼센트로 나타내지요.
순익은 물건을 팔아서 남은 이익 중에 쓴 비용을 빼고 남은 순전한
이익을 말하고요. 순이익이라고도 해요.
어떤 사람을 표현하는 낱말 중에 '순결하다'고 하면 마음에 욕심이
섞여 있지 않고 깨끗하다는 말이고, '순진하다'고 하면 마음에 꾸밈
이 없이 순수하고 진실하다는 말이에요. 요즈음은 매우 착한 사람
을 보고 비꼬는 표현으로도 쓰지만, 원래는 아주 좋은 뜻을 지닌 낱
말이라는 것 기억하세요.
이제 보니 순(粹) 자가 들어가서 느낌이 좋은 낱말들이 많네요!

순수(純 粹순수할수)
다른 것이 전혀 섞이지 않은 것

순면(純 綿솜면)
다른 것이 전혀 섞이지 않은 순
수한 면직물

순금(純 金쇠금)
다른 것이 섞이지 않은 순수한금

순도(純 度법도도)
어떤 물질의 주성분인 순물질
이 차지하는 정도

순익(純 益더할익)
순전한 이익

순결(純 潔깨끗할결)
마음에 욕심이 없이 깨끗함

순진(純 眞참진)
마음에 꾸밈이 없이 순수하고
진실됨

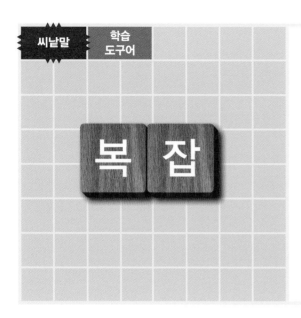

겹치고 섞이니
복잡할 수밖에

수학 문제를 푸는 방법은 왜 이리 복잡할까요? 엄마는 집안일이 복잡하고, 아빠는 출퇴근길이 복잡하다고 하세요. 이렇듯 복잡은 여러 가지가 뒤섞였다는 뜻이에요. '겹칠 복(複)'과 '섞일 잡(雜)'이 합쳐진 말이지요. 여러 가지가 겹치고 섞여 있으니 정말 복잡하겠죠?

겹치거나 합쳐질 때는 복(複)

중복은 같은 일이 되풀이되거나 겹치는 것이에요. 엄마의 잔소리가 중복되면 싫지만, 용돈이 중복되면 좋겠죠.

혹시 '복제 양'이라고 들어보았나요? 예전에 세상을 떠들썩하게 했던 양이에요. 어미가 낳은 새끼 양이 아니라, 유전자를 복제해서 만든 양이지요. 그러니까 인간이 본디의 양과 똑같은 유전자를 만들어서 탄생시킨 것이에요.

원본을 베끼는 것은 복사인데, 요즈음은 아무리 복잡한 문서나 그림도 기계를 이용해서 얼마든지 똑같이 찍어낼 수 있지요.

두 가지 이상을 하나로 합친 것은 복합이라고 해요. 주상 복합 건물이라면 주택과 상가가 합쳐진 건물이라는 뜻이지요. 편리하기도 하지만 점점 복잡해지는 세상이기도 하지요?

複 겹칠 복	雜 섞일 잡
여러 가지가 뒤섞임	

■ **중복**(重 거듭할 중 複)
되풀이되거나 겹침

■ **복제**(複 製 만들 제)
본디의 것과 똑같은 것을 만듦

■ **복사**(複 寫 베낄 사)
원본을 베낌

■ **복합**(複 合 합할 합)
두 가지 이상을 하나로 합침

섞이거나 잡다할 때는 잡(雜)

잡스러운 여러 가지가 뒤섞여서 지저분할 때 '잡다하다'고 말해요.

이렇게 어떤 것들이 섞여서 잡다할 때 쓰는 낱말들을 살펴볼까요?

수업 중에 집중하지 않고 친구와 소곤거리며 쓸데없이 지껄이는 말을 잡담이라고 해요. 여러 가지 잡스러운 생각은 □념이지요.

여러 가지 채소를 볶은 것에 삶은 당면을 섞어 버무린 음식은 □채, 쌀 이외에 조, 수수, 보리처럼 잡스러운 곡식은 □곡이라고 해요.

잡다한 일용품을 파는 상점은 잡화점, 여기저기 돌아다니면서 자질구레하고 잡스러운 물건을 파는 사람은 □상인이라고 하잖아요.

가꾸지 않아도 저절로 나서 자라는 여러 가지 풀은 □초예요.

뭔가 섞이고 잡다한 것을 표현할 때 잡(雜) 자가 붙네요.

한 번 발행되는 단행본과 달리 호를 거듭하며 정기적으로 발행하는 출판물을 잡지라고 해요.

한 달에 한 번 나오면 월간 잡지, 일주일에 한 번씩 나오면 주간 잡지라고 하지요. 봄, 여름, 가을, 겨울 계절별로 나오면 계간 잡지고요.

잡(雜) 자는 어떤 상태를 나타낼 때도 쓰여요. 번거롭고 혼잡한 것은 번잡하다, 사물의 배치나 사람의 차림새 등이 어수선하고 너저분한 것은 난잡하다고 해요.

잡다(雜 多많을 다)하다
잡스러운 여러 가지가 많이 뒤섞여 지저분하다

잡담(雜 談이야기할 담)
쓸데없이 지껄이는 말

잡념(雜 念생각할 념)
여러 가지 잡스러운 생각

잡채(雜 菜나물 채)
여러 가지 채소를 볶은 것에 삶은 당면을 섞어 버무린 음식

잡곡(雜 穀곡식 곡)
쌀 이외의 모든 잡스러운 곡식

잡화점(雜 貨재화 화 店가게 점)
잡다한 일용품을 파는 상점

잡상인(雜 商장수 상 人사람 인)
여기저기 돌아다니면서 물건을 파는 사람

잡초(雜 草풀 초)
가꾸지 않아도 저절로 나서 자라는 여러 가지 풀

잡지(雜 誌기록할 지)
호를 거듭하며 정기적으로 발행하는 출판물

번잡(煩번거로울 번 雜)하다
번거롭고 혼잡하다

난잡(亂어지러울 난 雜)하다
어수선하고 너저분하다

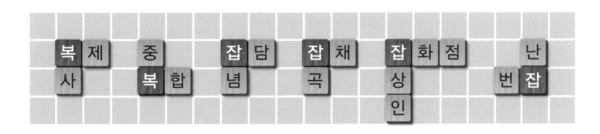

단 순

1 공통으로 들어갈 낱말을 쓰세요.

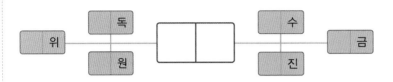

2 주어진 낱말을 넣어 문장을 완성하세요.

1) 단 일 / 독

단 하나는 ☐☐, 단 한 사람은 ☐☐이다.

2) 단 위 / 원

수, 양, 크기 등을 수치로 나타낼 때 바탕이 되는 기준은 ☐☐, 어떤 주제나 내용을 중심으로 하나로 묶은 학습 단위는 ☐☐이다.

3) 순 금 / 면

다른 것이 전혀 섞이지 않은 금은 ☐☐, 다른 것이 전혀 섞이지 않은 순수한 면직물은 ☐☐이다.

4) 순 결 / 진

마음이 꾸밈없이 순수하고 진실된 것은 ☐☐, 마음에 욕심이 없이 깨끗한 것은 ☐☐이다.

3 문장에 어울리는 낱말을 골라 ○표 하세요.

1) 우리나라의 돈을 나타내는 (단위 / 단원)은(는) '원'이야.

2) 이건 다른 것이 전혀 섞이지 않은 (순진 / 순수)한 물이야.

3) 우리나라는 인종이 섞이지 않은 (단일 / 단독) 민족이야.

4) 이번 달에는 장사가 잘 돼서 (순도 / 순익)가(이) 많이 남았어.

단순
단일
단독
단위
단원
단행본
순수
순면
순금
순도
순익
순결
순진

씨낱말
블록 맞추기   복 잡

① 공통으로 들어갈 낱말을 쓰세요.

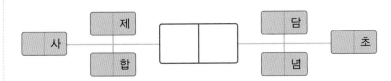

② 주어진 낱말을 넣어 문장을 완성하세요.

1) 복 제 / 사   본디의 것과 똑같은 것을 만드는 것은 ☐☐ ,
원본을 베끼는 것은 ☐☐ 이다.

2) 중 / 복 합   되풀이되거나 겹치는 것은 ☐☐ , 두 가지 이상을
하나로 합치는 것은 ☐☐ 이다.

3) 잡 화 점 / 상 / 인   잡다한 일용품을 파는 상점은 ☐☐☐ , 여기
저기 돌아다니면서 자질구레한 물건을 파는 사람은
☐☐☐ 이다.

4) 난 / 번 잡   번거롭고 혼잡한 것은 ☐☐ , 어수선하고 너저분한
것은 ☐☐ 이다.

③ 문장에 어울리는 낱말을 골라 ○표 하세요.

1) 흰 쌀밥보다는 여러 가지 (잡곡 / 잡채)을(를) 섞어 먹는 게 건강에 좋대.
2) 수업 시간에 친구하고 (잡담 / 난잡)하다가 선생님에게 혼이 났어.
3) 평소 미워하던 친구가 아프다니 왠지 마음이 (복합 / 복잡)해.
4) 매달 나오는 과학 (단행본 / 잡지)을(를) 사러 서점에 갔어.
5) 혼자 멍하니 (중복 / 잡념)에 빠져 있지 마.

복잡
중복
복제
복사
복합
잡다하다
잡담
잡념
잡채
잡곡
잡화점
잡상인
잡초
잡지
번잡하다
난잡하다

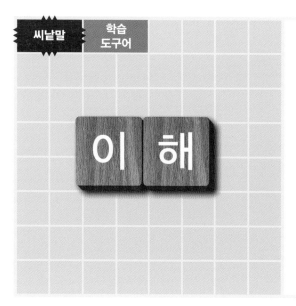

장작 패는 이치를 이해하기까지…

드디어 10년 만에 장작 패는 **이치**를 **이해**했어! 크하하!

장작을 잘 패려면 나뭇결대로 도끼질을 해야 해요. 나뭇결에 따라 도끼질을 해야 통나무가 한 번에 쩍쩍 쪼개지거든요. 이처럼 어떤 일이나 행동이 따라야 하는 자연스러운 흐름을 이치라고 해요. 사물의 이치를 깨달아 아는 것은 이해이지요. 이해했나요? 나뭇결의 이치를 알면 왜 나뭇결에 따라 도끼질을 해야 하는지도 이해할 수 있어요.

이치의 뜻을 담은 이(理)

마음이 움직이는 이치를 심리라고 해요. 사람의 심리는 참 알기 어려운데 심리를 연구하는 학자들은 작은 몸짓이나 표정만으로도 그 사람의 마음을 읽어낸다고 해요. 이렇게 심리를 연구하는 학문을 심리학이라고 해요.

이치에 맞게 생각할 줄 아는 사람의 특성은 이성이라고 해요.

감정에 치우치거나 휘둘리지 않고 이치에 맞게 판단을 내리면 이성적으로 행동한다고 말하죠. 반대로 감정적으로 행동하면 이성적이지 못하거나 감정적이라고 말하죠.

이미 알고 있는 이치로 미루어 짐작하는 것은 추리,

생각이나 주장을 이치에 맞게 펼치는 것은 논리예요.

理	解
이치 이	풀 해

사물의 이치를 깨달아 앎

■ **이치**(理 致 이를 치)
일이나 행동이 따라야 하는 자연스러운 흐름

■ **심리**(心 마음 심 理)
마음이 움직이는 이치

■ **심리학**(心 理 學 배울 학)
심리를 연구하는 학문

■ **이성**(理 性 성질 성)
이치에 맞게 생각할 줄 아는 사람의 특성

■ **이성적**(理 性 的 ~하는 적)
이성에 따르는

■ **추리**(推 밀 추 理)
이치로 미루어 짐작함

■ **논리**(論 논할 논 理)
생각이나 주장을 이치에 맞게 펼치는 원리

논리에 따라 짜임새 있게 정리한 생각은 이론이지요.

이런 사람은 합리적이라고 칭찬을 받아요.

합리는 이치에 맞는다는 뜻이고, 합리적이란 이치에 잘 맞추어 합당하게 생각한다는 뜻이지요.

억지로 이론이나 이치에 꿰어 맞출 때는 합리화한다고 말해요. 잘못된 일에 적당한 논리를 끌어대 그럴싸하게 핑계를 대는 것이지요.

합리적인 것과 합리화는 단어 한끝 차이지만 다르다는 것을 알겠죠?

풀 때는 해(解)

해(解)는 '풀다'는 뜻을 담고 있어요.

어떤 일이 잘 풀렸을 때, 해결되었다고 하지요?

목마름이 해결되면 해갈되었다고 하고요.

오랜 가뭄 끝에 비가 오면 가뭄이 해갈되었다고 말하지요.

독을 풀어 없애면 □독되었다고 해요.

얼음이 풀려 녹는 것은 □빙이고,

얼음이 녹을 때를 해빙기라고 하지요.

풀어서 답을 얻은 것은 □답을 찾은 거고요.

쉽게 풀어서 말하는 것을 □설이라고 하지요.

책을 읽으면서 글의 의미를 이해하는 일은 독□예요.

독해하는 능력은 말할 것도 없이 독해력이겠지요?

■ **이론(理論)**
논리에 따라 짜임새 있게 정리한 생각

■ **합리(合합할 합 理)**
이치에 맞음

■ **합리적(合理的)**
이치에 맞추어 합당한 것

■ **합리화(合理 化될 화)**
이론이나 이치에 합당하게 함

■ **해결(解 決결정할 결)**
얽힌 일을 풀어 처리함

■ **해갈(解 渴목마를 갈)**
목마름을 해결함

■ **해독(解 毒독 독)**
독을 풀어서 없앰

■ **해빙(解 氷얼음 빙)**
얼음이 풀려 녹음

■ **해답(解 答답 답)**
풀어서 얻은 답

■ **해설(解 說말씀 설)**
쉽게 풀어 말함

■ **독해(讀읽을 독 解)**
책을 읽어서 글의 의미를 이해함

■ **독해력(讀解 力힘 력)**
독해하는 능력

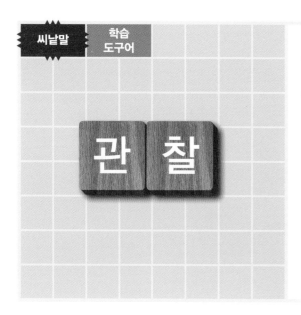

콩이 자라는 모습을 살펴보는 관찰

음. 3cm 자랐군.

식물학자가 꿈인 어린이가 식물이 자라는 모습을 관찰하고 있네요. 관찰은 과학에서 중요한 공부 방법이에요. 관찰은 '볼 관(觀)', '살필 찰(察)'이 만나 주의 깊게 살펴본다는 뜻이지요. 그냥 보기만 한다면 심어 놓은 씨앗이 어느 순간 자라서 잎을 틔웠는지 알 수가 없어요. 자세하게 관찰해야 콩이 자라는 변화를 알 수 있지요.

보는 관(觀)

관찰과 비슷한 말 중에 관측이 있어요. 관측은 관찰하여 측정한다는 뜻이에요. 하늘의 달과 태양을 관찰해서 일식이나 월식이 언제 일어나는지 미리 짐작하는 일이지요. 예전에는 별자리를 보며 미래에 희망을 걸거나, 절망에 빠지기도 했어요.

앞날을 희망적으로 보는 것은 낙관,

절망적으로 보는 것은 비관이지요.

영화나 연극, 운동 경기를 보는 일은 관람이라고 해요.

관람하는 사람은 ☐람객, 관람하는 무리는 ☐중,

관람하는 손님은 ☐객이에요.

모두 구경꾼들을 뜻하는 낱말이네요.

觀	察
볼 관	살필 찰
주의 깊게 살펴봄	

■ **관측**(觀 測잴 측)
관찰하여 측정함

■ **낙관**(樂즐거울 낙 觀)
인생이나 앞날을 희망적으로 봄

■ **비관**(悲슬플 비 觀)
인생이나 앞날을 절망적으로 봄

■ **관람**(觀 覽볼 람)
연극, 영화, 운동 경기 등을 봄

■ **관람객**(觀 覽 客손 객)
관람하는 손님

■ **관중**(觀 衆무리 중)
관람하러 모인 무리

■ **관객**(觀客)
관람하는 손님

같은 영화를 보아도 어떤 사람은 재미있게 보지만 투덜대는 사람도 있어요. 사람마다 보는 태도인 관점이 달라서예요.

관점에는 내가 주인으로 바라보는 주관적 관점과 남의 입장에서 바라보는 객관적 관점이 있어요. 주관적인 관점은 자기 나름대로 생각하는 것이고, 객관적인 관점은 자기의 생각을 담지 않고 있는 그대로만 보는 것을 의미해요.

살피는 찰(察)

찰(察)은 본다는 의미로 관(觀)보다 더 가까워서 살피고, 조사한다는 의미로 쓰이지요.

어떤 범죄나 사건이 생기면 먼저 경찰이 출동해서 현장을 수사하고 범인을 잡아요. 이후에 검찰이 검사하고 조사를 하잖아요.

경찰은 경계해서 살핀다는 뜻이고, 검찰은 사건을 검사하고 살핀다는 뜻이거든요. 경찰은 늦은 밤에도 범죄 예방을 위해 여기저기를 순찰하지요. 순찰은 돌아다니며 살핀다는 말이에요.

더 이상 피해가 없도록 노력하겠습니다.

대통령이 기름 유출 지역을 **시찰**하고 있습니다.

돌아다니며 사정을 직접 보고 살피는 것은 시찰이라고 해요.

의사 선생님이 환자를 보며 어디가 아픈지 살펴보는 것은 진찰,

예리하게 꿰뚫어 보는 것은 통☐,

깊이 생각하고 조사하는 것은 고☐이에요.

성☐은 자신의 마음을 살펴본다는 뜻이지요.

■ **관점**(觀 點점점)
보는 태도나 방향

■ **주관적**
(主주인주 觀 的~하는적)
내가 주인으로 바라보는 관점

■ **객관적**(客觀的)
남의 입장에서 바라보는 관점

■ **경찰**(警경계할경 察)
경계하며 살핌

■ **검찰**(檢 검사할검 察)
검사하며 살핌

■ **순찰**(巡돌순 察)
돌아다니며 살핌

■ **시찰**(視볼시 察)
직접 보고 살핌

■ **진찰**(診볼진 察)
환자가 어디가 아픈지 살핌

■ **통찰**(洞꿰뚫을통 察)
예리하게 꿰뚫어 살펴봄

■ **고찰**(考생각할고 察)
깊이 생각하고 조사함

■ **성찰**(省살필성 察)
자신의 마음을 살핌

관	찰		낙		주			검		시		통
측			비	관	객	관	적	경	찰	순	찰	고	찰
						적						

씨낱말
블록 맞추기 | 이 | 해 |

1 공통으로 들어갈 낱말을 쓰세요.

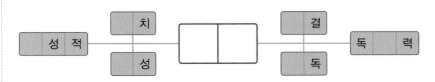

| 이해 |
| 이치 |
| 심리 |
| 심리학 |
| 이성 |
| 이성적 |
| 추리 |
| 논리 |
| 이론 |
| 합리 |
| 합리적 |
| 합리화 |
| 해결 |
| 해갈 |
| 해독 |
| 해빙 |
| 해답 |
| 해설 |
| 독해 |
| 독해력 |

2 주어진 낱말을 넣어 문장을 완성하세요.

1) | 이 | 치 |
     | 론 |
일이나 행동이 따라야 하는 자연스러운 흐름은
☐☐, 논리에 따라 정리한 생각은 ☐☐이다.

2) | | 추 |
     | 합 | 리 |
이치에 맞는 것은 ☐☐, 이치로 미루어 짐작하는
것은 ☐☐이다.

3) | | 논 |
     | 심 | 리 |
생각이나 주장을 이치에 맞게 펼치는 것은 ☐☐,
마음이 움직이는 이치는 ☐☐이다.

4) | 해 | 독 |
     | | 해 |
책을 읽어서 글의 의미를 이해하는 것은 ☐☐,
독을 풀어서 없애는 것은 ☐☐이다.

5) | 해 | 결 |
     | 갈 |
고마운 봄비로 가물었던 땅이 ☐☐되어,
가뭄 문제가 ☐☐되었다.

3 문장에 어울리는 낱말을 골라 ○표 하세요.

1) 아주 자세하게 설명했으니 이제 (처리 / 이해)가 되니?

2) 감정에 치우치지 않는 (감정 / 이성)적인 사람이 되고 싶어.

3) 강아지가 집을 나간 과정을 (심리 / 추리)할 수 있을까?

4) 지구의 온난화로 남극의 빙하가 (해빙 / 해갈)되고 있대.

5) (독해력 / 해독)이 좋아지려면 책을 많이 읽어야 해.

씨낱말
블록 맞추기

관 찰

1 공통으로 들어갈 낱말을 쓰세요.

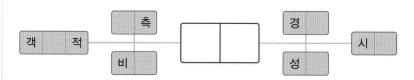

객 | 적

측
비

경
성

시

| 관찰 |
| 관측 |
| 낙관 |
| 비관 |
| 관람 |
| 관람객 |
| 관중 |
| 관객 |
| 관점 |
| 주관적 |
| 객관적 |
| 경찰 |
| 검찰 |
| 순찰 |
| 시찰 |
| 진찰 |
| 통찰 |
| 고찰 |
| 성찰 |

2 주어진 낱말을 넣어 문장을 완성하세요.

1) 관 중 / 람

휴일을 맞아 야구 경기 ☐☐을 위해
많은 ☐☐들이 경기장으로 모였다.

2) 성 / 관 찰

과학자는 자연을 ☐☐하고, 철학자는 삶을 깊이 있
게 ☐☐한다.

3) 순 / 진 찰

경비원은 주민의 안전을 위해 아파트 주변을
☐☐하고, 의사는 환자를 ☐☐한다.

4) 비 / 낙 관

명수 : 수학 시험에서 100점 맞을 것 같아!

지연 : 너무 ☐☐하는 거 아니야? 이번 시험 진짜 어
려웠대. 나는 30점도 못 맞을 것 같아.

명수 : 괜찮아, 다음 시험이 있잖아. 너무 ☐☐하지 마.

3 문장에 어울리는 낱말을 골라 ○표 하세요.

1) 별을 (관측 / 관찰)하려면 천체 망원경이 필요해.

2) 내일 학교에서 영화 단체 (관람 / 관중)을 한대. 무슨 영화일까?

3) 환자를 꼼꼼히 (성찰 / 진찰)하시는 고마운 의사 선생님!

4) 국내 (관객 / 관점) 1000만 명을 돌파했어.

5) 해양 수산부 장관은 사고가 난 해역을 (순찰 / 시찰)하였다.

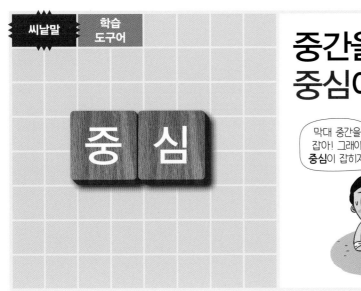

중간을 잡아야 중심이 잡히지!

막대 중간을 잡아! 그래야 **중심**이 잡히지.

中	心
가운데 중	가운데 심
어떤 것의 한가운데	

나는 누구일까요? 너무 높지도 낮지도 않아요. 처음도 끝도 아니에요. 힌트는 그림을 보세요. 그렇죠! '중간'이에요. 중간은 가운데를 뜻해요. 그럼 가운데 중의 가운데, 한가운데를 뭐라고 할까요? 바로 중심이에요. 중심은 '가운데 중 (中)'과 '가운데 심 (心)'이 합쳐져 어떤 것의 한가운데를 말해요.

중간을 뜻하는 중(中)

키가 큰 편이에요, 작은 편이에요? 중간이라고요?
중간은 작지도 크지도 않은 어떤 것의 가운데나 그 사이를 뜻해요. 뿐만 아니라 크기나 순서, 과정의 가운데를 가리킬 때도 쓰이지요.
초중고의 '중'도 가운데라는 뜻이에요. 중학교는 초등학교와 고등학교 사이에 다니는 학교라는 뜻이죠.
강물이 시작되는 곳은 상류, 강이 끝나 바다와 닿는 지점을 강의 하류라고 해요. 그렇다면 상류와 하류의 중간은 뭐라고 할까요?
맞아요. 강의 중류예요. 이렇게 상중하의 '중'도 가운데를 뜻하죠.
이 말은 사회의 계층을 가리킬 때도 써요. 생활 수준이 높은 상류층과 생활 수준이 낮은 하류층의 중간 계층은 중류층이라고 하죠.

▶ **중간(中 間사이간)**
어떤 것과 어떤 것의 사이 가운데

▶ **초중고(初처음초 中 高높을고)**
초등학교, 중학교, 고등학교를 함께 이르는 말

▶ **중학교(中 學배울학 校학교교)**
초등학교와 고등학교 중간에 있는 학교

▶ **상류(上위상 流흐를류)**
강이나 하천이 시작되는 부분

▶ **상류층(上流 層층층)**
높은 계층

▶ **중류(中流)**
강이나 하천의 중간 부분

▶ **중류층(中流層)**
중간 정도의 계층

시대를 나타낼 때도 마찬가지예요. 아주 오래전 옛 시대는 고대, 현대와 가까운 시대는 근대, 고대와 근대의 중간 시기는 중세예요.

어떤 시대를 처음, 가운데, 끝으로 나눌 때 가운데 시대를 중엽이라고 하지요. 조선 시대 중엽, 20세기 중엽이라고 하잖아요.

운동 경기의 중간도 있지요. 마라톤 경기가 처음 단계인 초반을 지나 한참 열기가 뜨겁네요! 본격적인 경기가 펼쳐지는 중간 단계인 중반을 넘어서 마지막 단계인 종반으로 달려가고 있기 때문이에요.

이런 운동 경기 내용을 보거나 들을 수 있는 것은 중계 방송이 있기 때문이지요. 여기서의 중계도 중간에서 이어 준다는 뜻이거든요.

중심을 뜻하는 심(心)

연필심은 연필 중심에 박힌 가느다란 심이지요. 글씨를 쓰는 가장 중요한 부분이에요. 이처럼 심(心)은 어떤 것의 중심이나 중요한 부분을 뜻할 때가 있어요.

공부할 때도 중심이 되는 중요한 부분을 핵심이라고 하잖아요.

"문제의 핵심을 잘 이해하면 어렵지 않아." 이런 말을 들어 봤지요?

공부의 핵심을 파악하게 되면 누구나 우등생이 될 수 있어요.

여러분도 내심 모두 우등생이 되길 바라지요?

내심은 보통 속마음을 뜻하지만 수학에서는 다각형 안에 있는 중심을 의미하기도 해요.

왜 글씨가 예쁘게 잘 안 써지지?

문제의 **핵심**이 그게 아닐텐데…

하류(下아래 하 流)
강이나 하천의 아래쪽 부분

하류층(下流層)
낮은 계층

고대(古옛 고 代시대 대)
옛 시대

근대(近가까울 근 代)
현대와 가까운 시대

중세(中 世시대 세)
고대와 근대 사이의 중간 시기

중엽(中 葉시대 엽)
가운데 시대

초반(初처음 초 盤받침 반)
처음 단계

중반(中 盤)
중간 단계

종반(終마칠 종 盤)
끝나는 단계

중계(中 繼이을 계)
중간에서 이어 줌

연필심(鉛흑연 연 筆글씨 필 心)
연필 속에 들어있는 가느다란 심

핵심(核씨 핵 心)
가장 중심이 되는 중요한 것

내심(內안 내 心)
속마음

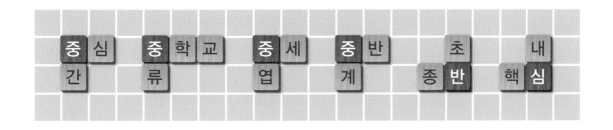

쉽게 이해하려면
예시가 필요해요

더하기는 어떤 수에서 어떤 수를 합하는 것이에요.

더하기 란?

예시로 1+1은 2가 있지.

어려운 설명은 예를 들어 설명하면 쉽게 이해할 수 있어요. 예는 보기라는 뜻인데 보기를 들어 보여 주는 것을 예시라고 해요. 보기를 뜻하는 '보기 예(例)'와 '보일 시(示)' 자가 합쳐진 낱말이에요. 이렇게 예는 보기를 뜻하기도 하지만 보기가 되는 방식이나 규칙이라는 뜻으로도 쓰이지요. 그럼 예를 들어 살펴볼까요?

보기를 뜻하는 예(例)

수학 문제집을 보면 예제 1, 예제 2…라는 문제들을 볼 수 있어요. 예제는 연습을 위하여 보기로 드는 문제예요.

국어 문제집에는 "다음 예문을 읽고, 묻는 말에 답하시오."라는 문제가 있네요. 예문은 보기로 드는 문장이지요. 그럼 위 말은 "보기의 문장을 읽고 문제를 풀어라."는 말이네요.

예를 드는 방법에 따라 설명하는 말도 참 다양해요.

실제로 있는 예를 들면 실⬜, 쓰고 있는 예를 들면 용⬜,

사전을 사용하는 방법을 보여 주는 범⬜도 있어요.

범례는 미리 알아 두어야 할 모든 사항의 본보기라는 뜻이에요.

사전을 펼치면 앞부분에 '일러두기'가 있지요.

例	示
보기 예	보일 시
예를 들어 보임	

- **예제**(例 題문제 제)
  보기로 드는 문제
- **예문**(例 文글 문)
  보기로 드는 문장
- **실례**(實실제 실 例)
  실제로 있었거나 있는 예
- **용례**(用쓸 용 例)
  쓰고 있는 예
- **범례**(凡무릇 범 例)
  = 일러두기
  미리 알아 두어야 할 모든 사항의 본보기

일러두기는 범례와 같은 말이에요.

앞서 일어난 예는 선례라고 해요. 전례도 같은 말이지요.

흔히 키는 몸무게에 비례한다고 하잖아요. 비례는 예를 들어 비교

한다는 뜻이거든요.

예전에 피겨 스케이팅의 강국은 러시아였어요. 그런데 우리나라의

김연아 선수가 처음 금메달을 땄을 때, 비슷한 경우가 없는 이례적

인 일이라며 전 세계가 깜짝 놀랐어요.

보기란 뜻을 넘어서는 예(例)

예(例)가 보기라는 뜻을 살짝 넘어서는 경우도 있어요.

예외는 늘 지켜야 하는 규칙에서 벗어난다는 말이에요.

날씨를 예보할 때 들을 수 있는 말도 있어요.

"올해는 예년보다 덥겠습니다."

이때의 예년은 보통의 해라는 뜻이에요.

예년이 보통의 해라면 보통 있는

일은 예사라고 해요.

혹시 왜 왼손잡이도 악수는 오른

손으로 하는지 생각해 봤나요?

오래전부터 내려오던 관례이기

때문이지요. 이때 예(例)는 규칙

이라는 뜻으로 쓰여요.

'예'가 낱말 뒤에 올 때는 '례'라고

읽는다는 것 알아 두세요!

- **선례**(先먼저 선 例)
- **=전례**(前앞전 例)
  먼저 앞선 예
- **비례**(比견줄 비 例)
  예를 들어 비교함
- **이례**(異다를 이 例)
  비슷한 경우가 없는 다른 예
- **예외**(例규칙 예 外바깥 외)
  늘 지켜야 하는 규칙에서 벗어
  나는 것
- **예년**(例대개 예 年해 년)
  보통의 해
- **예사**(例 事일 사)
  보통 있는 일
- **관례**(慣익숙할 관 例)
  익숙하게 전해 내려오는 규칙

| 예 | 시 | | 예 | 문 | | 실 | | 비 | | 선 | | 예 | 년 |
| 제 | | | 외 | | | 용 | 례 | 범 | 례 | 이 | 례 | 사 | |

씨낱말
블록 맞추기   중 심

1 공통으로 들어갈 낱말을 쓰세요.

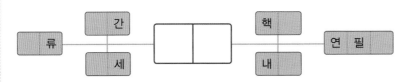

중심
중간
초중고
중학교
상류
상류층
중류
중류층
하류
하류층
고대
근대
중세
중엽
초반
중반
종반
중계
연필심
핵심
내심

2 주어진 낱말을 넣어 문장을 완성하세요.

1) 중 류 / 세

강의 상류와 하류 사이는 ☐☐, 근대와 고대 사이는 ☐☐이다.

2) 중 / 초 반

운동 경기는 ☐☐을 지나, 본격적으로 게임이 진행되는 ☐☐이 재미있다.

3) 중 계 / 엽

중간에서 이어 주는 것을 ☐☐, 어떤 세대의 가운데는 ☐☐이라고 한다.

4) 중 심 / 류 / 층

어떤 것의 한가운데로 ☐☐ 역할을 하는 중간 정도의 계층을 ☐☐☐이라고 한다.

5) 내 / 핵 심

가장 중심이 되는 중요한 것은 ☐☐, 속마음은 ☐☐이다.

3 문장에 어울리는 낱말을 골라 ○표 하세요.

1) 저는 성적도 키도 (중심 / 중간)이에요.

2) 사회는 (중류 / 중세)층이 두터워야 건강한 사회란다.

3) 너도 (내심 / 중심)으로는 명수가 좋지?

4) 이 문제의 (핵심 / 내심)은 무엇일까?

5) 유적 발굴단은 신라 시대 (중엽 / 중세)의 왕릉을 발견했다.

1 공통으로 들어갈 낱말을 쓰세요.

2 주어진 낱말을 넣어 문장을 완성하세요.

1) [예 문 / 제]　보기로 드는 문장은 ☐☐, 보기로 드는 문제는 ☐☐이다.

2) [실 / 범 례]　미리 알아 두어야 할 모든 사항의 본보기는 ☐☐, 실제로 있었거나 있는 예는 ☐☐라고 한다.

3) [비 / 관 례]　예들 들어 비교하는 것은 ☐☐, 익숙하게 전해 내려 오는 규칙은 ☐☐이다.

4) [예 외 / 사]　늘 지켜야 하는 규칙에서 벗어나는 것은 ☐☐, 보통 있는 일은 ☐☐라고 한다.

5) [선 / 이 례]　비슷한 경우가 없는 다른 예는 ☐☐, 먼저 앞선 예는 ☐☐라고 한다.

3 문장에 어울리는 낱말을 골라 ○표 하세요.

1) 키와 몸무게는 어느 정도 (비례 / 반비례)하지.

2) 사전 사용법을 모를 때는 일러두기인 (범례 / 선례)를 읽으면 돼.

3) 모범생 철이가 지각을 하다니! (예사 / 예외)가 아니야.

4) 우리나라에서 악수는 오른손으로 하는 것이 (용례 / 관례)예요.

5) 월드컵에서 우리나라가 4강에 들다니, (이례 / 실례)적인 일이었어요.

예시
예제
예문
실례
용례
범례
일러두기
선례
전례
비례
이례
예외
예년
예사
관례

명령은 싫어요!

"어휴, 청소 좀 해! 놀지만 말고 공부도 하고!" 누군가에게 이런 명령을 받으면 그 일이 더 하기 싫지요? 명령은 주로 윗사람이 아랫사람에게 무엇을 하게 하는 것이에요. 명령 받는 일은 싫어할 수도 있지만 명령이라는 낱말까지 싫어하지는 마세요. 사회 구성원을 보호하도록 법에서 정한 명령도 있거든요. 그럼 이제부터 '명령할 명(命)'과 '내릴 령(令)'이 들어가는 여러 낱말들을 같이 알아볼까요?

이런 명령, 저런 명령, 명령도 가지가지

명(命) 자가 뒤에 붙으면 명령의 종류를 뜻하는 낱말이 만들어져요.
비밀스러운 명령은 밀□, 엄한 명령은 엄□,
나라의 명령은 국□이에요.
TV에서 사극 드라마를 보다가 "어명을 받드시오!" 하는 말을 들어본 적 있지요? 어명은 임금의 명령을 말해요. 비슷한 말로 왕의 명령이라 왕명이라고도 하지요.
사명은 맡겨진 임무 또는 사신이나 사절이 받은 명령,
사명감은 주어진 임무를 잘 수행하려는 마음가짐이에요.
임명은 임무를 맡긴다는 뜻이고요.

命	令
명령할 명	내릴 령

다른 사람에게 무엇을 하게 하는 것

■ **밀명**(密비밀 밀 命)
비밀스러운 명령

■ **엄명**(嚴엄할 엄 命)
엄한 명령

■ **국명**(國나라 국 命)
나라의 명령

■ **어명**(御임금 어 命)
= 왕명
임금의 명령

■ **사명**(使시킬 사 命)
맡겨진 임무 또는 사신이나 사절이 받은 명령

■ **사명감**(使命 感느낄 감)
주어진 임무를 잘 수행하려는 마음가짐

■ **임명**(任맡길 임 命)
임무를 맡기는 것

명(命)은 목숨, 운명의 뜻으로 쓰이기도 해요.

빈칸을 채우며 알아볼까요?

수◻은 생물이 살아 있는 기간이에요.

천◻은 하늘의 명령이란 뜻으로 타고난 수명 또는 운명을 뜻해요.

숙◻은 태어날 때부터 타고난 운명 또는 피할 수 없는 운명,

연◻은 목숨을 겨우 연결해 간다는 뜻이지요.

어떤 행동을 하게 하는 령(令)

령(令)은 어떤 행동을 하게끔 하는 것을 뜻해요.

법령은 법률과 명령을 함께 이르는 말이에요.

법에서 명령은 행정부에 의해 세워진 법의 명령을 뜻하지요.

구령은 여러 사람이 단체로 행동할 때 단체를 이끄는 사람이 내리는 간단한 명령이고요.

발령은 맡은 일에 대하여 명령을 내리는 것을 말해요. 인사 발령, 승진 발령 등으로 쓰이죠.

윗사람의 명령이나 지시를 기다리는 것은 대령이에요. "여기 대령하였습니다."라고 말하죠.

령(令) 자가 낱말의 맨 앞에 쓰이면 '영'으로 소리를 내야 해요.

남자가 커서 군대에 갈 때가 되면 군대 영장이 나와요. 영장은 명령의 뜻을 기록한 문서예요. 법원에서 사람이나 물건에 대해 강제적으로 처리할 수 있도록 명령을 내리는 문서도 영장이라고 하지요.

수명(壽목숨 수 命목숨 명)
생물이 살아 있는 기간

천명(天하늘 천 命)
하늘의 명령

숙명(宿묵을 숙 命)
날 때부터 타고난 운명 또는 피할 수 없는 운명

연명(延늘일 연 命)
목숨을 겨우 연결해 가는 것

법령(法법 법 令)
법률과 명령을 함께 이르는 말

구령(口입 구 令)
여러 사람이 단체로 행동할 때 앞에서 단체를 이끄는 사람이 내리는 간단한 명령

발령(發보낼 발 令)
맡은 일에 대하여 명령을 내리는 것

대령(待기다릴 대 令)
윗사람의 명령이나 지시를 기다리는 것

영장(令 狀문서 장)
명령의 뜻을 기록한 문서

적을 정벌하고 토벌하러 가자!

여진족을 **정벌**하자! 우리는 이길 것이다!!

고려 시대의 윤관 장군은 두만강과 함경도 일대로 세력을 뻗쳐 가던 여진족을 정벌했어요. 조선 시대의 이순신 장군도 우리나라를 쳐들어온 왜적을 토벌했지요. 정벌은 적이나 죄를 진 무리를 힘으로 치는 것, 토벌은 힘으로 쳐서 없애는 것이에요. 두 낱말에 쓰인 '칠 정(征)', '칠 벌(伐)', '칠 토(討)' 자는 모두 친다는 뜻이 있어요. 상대편에 피해를 주기 위해 공격한다는 뜻이겠죠?

정벌할 때는 정(征)

'프랑스의 나폴레옹은 세계를 정복하겠다는 야심을 품었어요.'
이처럼 남의 나라나 다른 민족을 정벌해서 복종시키는 것을 정복이라고 해요. 매우 가기 힘든 험한 산을 오르거나, 어려운 일을 해내는 것, 병을 완전히 치료하는 것도 정복이에요. 에베레스트산 정복, 외국어 정복, 암 정복처럼 말이에요.
세계를 정복하기로 한 나폴레옹은 러시아 원정길에 나섰어요.
원정은 먼 곳으로 싸우러 나가는 것이에요. 원정 시합, 남극 원정처럼 운동 경기나 탐험을 하러 먼 곳으로 갈 때에도 원정이라는 말을 써요. 원정을 가는 군대나 무리는 원정대라고 해요.

征	伐
칠 정	칠 벌

적이나 죄 있는 무리를 힘으로 치는 것

■ **토벌**(討칠토 伐)
힘으로 쳐서 없앰

■ **정복**(征 服복종할복)
남의 나라나 다른 민족을 정벌해서 복종시키는 것

■ **원정**(遠멀 원 征)
먼 곳으로 싸우러 나감

■ **원정대**(遠征 隊무리 대)
원정을 가는 군대나 무리

■ **출정**(出날 출 征)
군사를 보내 정벌함

■ **출정식**(出征 式행사식)
출정 전에 군사들의 사기를 높이기 위한 의식

원정길에서 러시아 군대를 만난 나폴레옹은 "전군은 출정 준비를 하라!"고 소리쳤어요.

출정은 군사를 보내 정벌한다는 뜻이에요. 출정 전에 군사들의 사기를 높이기 위한 의식은 출정식이지요.

치고 찾는 뜻의 토(討), 치고 벨 때는 벌(伐)

이번에는 치다는 뜻의 토(討) 자가 들어가는 낱말을 알아볼까요?

여러 사람이 모여 나라나 사회에 끼친 잘못을 소리 높여 따지는 건 성토라고 해요.

토(討)는 친다는 뜻도 있지만 찾는다는 뜻도 있어요.

어떤 문제에 대해 검토하고 협의하는 ☐의,

어떤 문제에 대해 여러 사람이 각각의 의견을 말하며 논의하는 ☐론,

어떤 사실이나 내용을 분석하여 따지는 것은 검☐라고 해요.

'칠 벌(伐)'도 상황에 따라 그 뜻이 조금씩 달라져요.

무력으로 북쪽 지방을 치는 일은 북벌이에요.

행동이나 분위기가 거칠고 무시무시한 것은 살벌이고요.

또 벌(伐)은 벤다는 뜻으로 쓰이기도 해요. 목재로 쓰기 위해 숲의 나무를 베어 내는 것은 벌채,

나무를 잘라 내는 일은 벌목,

무덤의 풀을 베어서 깨끗이 하는 일은 벌초예요.

- **성토**(聲소리 성 討)
  여러 사람이 모여 나라나 사회에 끼친 잘못을 소리 높여 따져 말하는 것
- **토의**(討찾을 토 議의논할 의)
  어떤 문제에 대하여 검토하고 협의하는 것
- **토론**(討 論논할 론)
  어떤 문제에 대하여 여러 사람이 각각 의견을 말하며 논의하는 것
- **검토**(檢검사할 검 討)
  어떤 사실이나 내용을 분석하여 따지는 것
- **북벌**(北북쪽 북 伐)
  무력으로 북쪽 지방을 치는 일
- **살벌**(殺죽일 살 伐)
  행동이나 분위기가 거칠고 무시무시한 것
- **벌채**(伐벨 벌 採캘 채)
  나무를 베어 냄
- **벌목**(伐 木나무 목)
  나무를 잘라 냄
- **벌초**(伐 草풀 초)
  무덤의 풀을 베어서 깨끗이 함

씨낱말
블록 맞추기

명 령

1 공통으로 들어갈 낱말을 쓰세요.

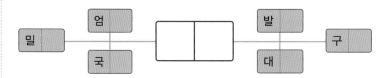

명령
밀명
엄명
국명
어명
왕명
사명
사명감
임명
수명
천명
숙명
연명
법령
구령
발령
대령
영장

2 알맞은 낱말을 찾아 문장을 완성하세요.

1)

국	
밀	명

비밀스러운 명령은 ☐☐ , 나라의 명령은 ☐☐ 이다.

2)

	왕
사	명

사신이나 사절이 받은 명령은 ☐☐ ,
왕의 명령은 ☐☐ 이다.

3)

	연
수	명

생물이 살아 있는 기간은 ☐☐ , 목숨을 겨우 연결해
가는 것은 ☐☐ 이다.

4)

	발
법	령

법률과 명령을 함께 이르는 말은 ☐☐ , 맡은 일에
대하여 명령을 내리는 것은 ☐☐ 이다.

3 문장에 어울리는 낱말을 골라 ○표 하세요.

1) 장군은 부하들에게 비밀을 지킬 것을 (엄명 / 사명)하였다.
2) 그는 투철한 (천명감 / 사명감)으로 중요한 임무를 성공시켰다.
3) 우리의 만남은 (수명 / 숙명)이라고 말할 수밖에 없다.
4) 이번에 (발령 / 법령) 받아 오신 국어 선생님을 소개합니다.
5) 모두 반장의 (구령 / 대령)에 맞춰 움직이세요.

① 공통으로 들어갈 낱말을 쓰세요.

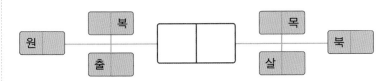

② 알맞은 낱말을 찾아 문장을 완성하세요.

1) 출 / 정 벌
   군사를 보내 정벌하는 것은 ☐☐, 적이나 죄 있는 무리를 무력으로써 치는 것은 ☐☐이다.

2) 토 의 / 론
   어떤 문제에 대하여 검토하고 협의하는 것은 ☐☐, 어떤 문제에 대하여 여러 사람이 각각 의견을 말하며 논의하는 것은 ☐☐이다.

3) 살 / 북 벌
   북쪽 지방을 치는 일은 ☐☐, 행동이나 분위기가 서릿고 무시무시한 것은 ☐☐이다.

4) 원 정 / 복
   먼 곳에 싸우러 나가는 것은 ☐☐, 다른 민족을 정벌해서 복종시키는 것은 ☐☐이다.

③ 문장에 어울리는 낱말을 골라 ○표 하세요.

1) 마침내 한국 원정대는 에베레스트산의 정상을 (정복 / 정벌)하였다.
2) 사람들은 사형 제도 폐지에 대하여 찬성과 반대로 나뉘어 열띤 (토론 / 토의)을(를) 벌였다.
3) 오늘 쓰레기장 건설에 반대하는 주민들의 (검토 / 성토) 대회가 열렸다.
4) 주말에 가족들과 함께 할아버지 무덤을 (벌초 / 벌채)하고 왔어요.

정벌
토벌
정복
원정
원정대
출정
출정식
성토
토의
토론
검토
북벌
살벌
벌채
벌목
벌초

어휘 퍼즐

1)
4)
5)
2)
6)
7)
8)
3)
9)
10)
15)
11)
16)
12)
17)
13)
14)
18)

정답 | 142쪽

가로 열쇠

1) 목숨을 겨우 연결하는 것
2) 어떤 것의 한가운데 , 무게 ○○
3) 여럿이 어떤 일을 함께함, ○○생활
5) 해를 입힌 사람은 가해자, 해를 입은 사람은 ○○○
6) 되풀이되거나 겹침
10) 서로 말이 통하도록 한국어를 영어로 ○○해.
13) 원정을 가는 군대나 무리, 반지 ○○○
16) 더할 수 없이 중요함
17) 기온이 0도 이상, 영하 ↔ ○○
18) 학교를 마치고 집에 감, 등교 ↔ ○○

세로 열쇠

1) 볼펜의 중심은 볼펜심, 연필의 중심은 ○○○
2) 심한 병은 중병, 심한 노동은 ○○○
4) 사물의 이치를 깨달아 앎
7) 여러 가지가 뒤섞임. 단순 ↔ ○○
8) 단체에 들어가 일에 참여함
9) 여럿이 두루 통하고 관계됨, “우린 ○○점이 참 많아.”
11) 아래에 거느리는 사람
12) 어떤 주제나 내용에 따라 하나로 묶은 학습 단위
14) 윗사람의 명령이나 지시를 기다림
15) 높게 보고 귀중하게 대함, 인간 ○○
16) 누가 아래고 누가 위인지 가리기 어려움. ○○○○의 경기

2장

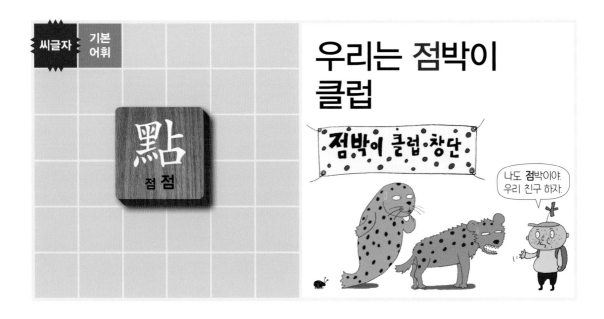

점(點)은 어떤 위치를 차지하는 점(占)과 검다는 뜻의 흑(黑)이 합쳐져서 만들어진 글자예요.

점(點)은 어떤 위치를 표시하는 점, 지점을 뜻해요.

출발점은 일이나 경기가 시작되는 지점, 또는 기점이고요.

반환점은 마라톤 경기 등에서 선수가 돌아오는 지점,

결승점은 승부가 결정되는 지점이지요.

그런데 글을 쓸 때 쉼표와 마침표는 왜 찍을까요?

끊어 읽기에 좋도록 찍는 거예요. 구절을 읽기 좋게 찍는 쉼표와 마침표는 구두점이라고 해요.

오른쪽 그림을 볼까요? 하나의 점 O를 중심으로 대칭이 되는 두 개의 도형을 점대칭인 도형이라고 해요. 대칭이 되는 두 도형에서 대칭이 되는 점 O를 대칭점이라고 하고요.

왼쪽의 점 a, b, c, d 와 같이 서로 엇갈리는 지점은 교차점이라고 해요.

點	점 점

■ **출발점**(出날 출 發나갈 발 點)
일이나 시작되는 지점

■ **반환점**
(返돌이킬 반 還돌아올 환 點)
돌아오는 지점

■ **결승점**
(決결정할 결 勝승부 승 點)
승부가 결정되는 지점

■ **구두점**
(句글귀 구 讀구절 두 點)
읽기에 좋도록 찍는 점

■ **점대칭**
(點 對대할 대 稱저울 칭)
점을 중심으로 한 대칭

■ **대칭점**(對稱點)
대칭의 중심점

■ **교차점**
(交서로 교 叉엇갈릴 차 點)
서로 엇갈리는 지점

북극점   남극점

북극점(北북녘북 極끝극 點)
지구의 가장 북쪽 끝 지점

남극점(南남녘남 極點)
지구의 가장 남쪽 끝 지점

발사 지점(發쏠발 射쏠사
地곳지 點)
로켓이나 미사일, 광선 등을 쏘
아올리는 지점

반점(斑무늬반 點)
얼룩덜룩한 무늬 같은 점

통점(痛아플통 點)
아픔을 느끼는 감각점

온점(溫따뜻할온 點)
따뜻함을 느끼는 감각점

냉점(冷차가울냉 點)
차가움을 느끼는 감각점

발화점(發 火불화 點)
처음 불이 붙거나 폭발한 지점

거점(據근거 거 點)
어떤 일이나 활동의 근거가 되
는 중요한 지점

점자(點 字글자자)
점으로 된 글자

옆의 지도를 보세요.

북극점과 남극점이 표시되어 있어요.

북극점은 지구의 가장 북쪽 끝 지점이고, 남극점은 지구의 가장 남쪽 끝 지점이지요.

한편 로켓이나 미사일, 광선 등을 쏘아 올리는 곳은 발사 지점이라고 해요.

피부에 얼룩점이 있다고요? 사람의 몸이나 동식물의 몸에 박혀 있는 얼룩덜룩한 무늬 같은 점은 반점이지요.

친구가 갑자기 옆구리를 꼬집으면 무척 아프지요?

이렇게 아픔을 느끼는 감각점은 통점이고요.

자, 찬물은 냉수, 따뜻한 물은 온수라고 하지요.

그렇다면 차가움을 느끼는 감각점은 뭐라고 할까요? 냉 ☐ 이에요.

따뜻함을 느끼는 감각점은? 온 ☐ 이고요.

노네체 **발화점**이 어디야?

화재가 일어났을 때 그 원인을 알기 위해서는 처음 불이 붙은 지점을 찾아야 해요.

발화점은 처음 불이 붙거나 폭발한 지점을 말해요.

한편, 일이나 활동의 근거가 되는 중요한 지점은 거점이지요. 다른 말로 근거지라고도 해요.

눈이 보이지 않는 사람을 위해 만든 점도 있어요.

점자(點字)는 점으로 된 글자예요. 두꺼운 종이 위에 점을 도드라지게 해서 글자를 표시하지요. 점자책은 볼록 나온 점들 때문에 그냥 책보다 두꺼워요.

점수(點數) 없는 세상에 살고 싶다고요? 점(點)은 점수를 뜻해요. 점수판, 점수표, 점수차와 같이 쓰이고요.

축구 경기가 팽팽하게 계속될 때, 상대팀이 먼저 득점을 하면 나도 모르게 한숨이 새어 나오지요? 득점은 점수를 얻는 것, 실점은 점수를 잃는 것이에요.

백점 만점을 받았다면, 꽉 다 채운 점수인 만점인 거예요.

총점은 전체를 합한 점수이고, 동점은 같은 점수예요.

"마지막 성화 주자가 드디어 성화대에 올라섰습니다."

그다음에는 무엇을 해야 할까요? 성화를 성화대에 점화해야 해요. 점화(點火)는 불을 붙이거나 켜는 것을 말해요.

점화에서 점(點)은 불을 켜다는 뜻이에요.

가스가 새지 않는지 정기적으로 점검해 주시는 분들이 있어요. 점검은 낱낱이 조사한다는 뜻으로 이때 점(點)은 조사하다, 검사하다는 뜻으로도 쓰여요.

'역사에 오점을 남기다'는 말에서 오점(汚點)은 더러운 점, 즉 명예롭지 못한 흠이라는 뜻이지요.

點 점수 점

- **득점**(得얻을 득 點)
  얻은 점수
- **실점**(失잃을 실 點)
  잃은 점수
- **만점**(滿찰 만 點)
  꽉 다 채운 점수
- **총점**(總전체 총 點)
  전체를 합한 점수
- **동점**(同같을 동 點)
  같은 점수

點 불 붙일 점

- **점화**(點 火불 화)
  불을 붙이거나 켜는 것

點 조사할 점

- **점검**(點 檢검사 검)
  낱낱이 조사하는 것

點 흠 점

- **오점**(汚더러울 오 點)
  더러운 점, 즉 명예롭지 못한 점

🔔 이렇게도 쓰여요

점심(點心)은 마음에 점을 찍는다는 뜻이에요.
즉 점심은 마음에 점을 찍을 만큼 간단하게 먹는
식사라는 뜻에서 나온 말이고요.

- **점심**(點 ・心마음 심) 마음에 점을 찍을 만큼 간단한 식사

어라!

똑같다.

두 사람은 공통점이 많네요.

여럿이 함께 서로 통하는 점을 공통점이라고 해요. 반면에 서로 어긋나서 다른 점은 차이점이지요.

여기서 점(點)은 측면이나 관점을 뜻해요.

관점은 어떤 일이나 사물을 보는 방향이에요.

서로 의견이 일치하거나 일치할 수 있는 점은 합의점이에요.

전환점은 전환하는 지점으로 다른 방향이나 상태로 바뀌는 계기를 뜻해요. '전환점을 마련하다', '전환점을 맞이하다'와 같이 쓰어요.

점의 뜻을 생각하며 빈칸을 채워 보세요.

부족하고 모자라는 점은 단□, 혹은 결□.

더 나은 측면은 장□, 남보다 우세하고 강한 점은 강□,

취약하고 모자라서 뒤떨어지는 점은 약□이지요.

초점은 렌즈나 거울에서 광선이 한곳으로 모이는 점이에요.

비유적으로 사람들의 관심이 집중되는 것을 뜻하기도 하지요.

분기점은 길이 여러 갈래로 갈라지는 점이지만, '역사의 분기점'에서처럼 어떤 일의 성질이 바뀌어 갈라지는 시점을 뜻하기도 하지요.

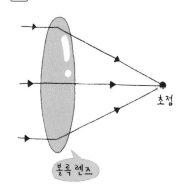

초점

볼록 렌즈

點 측면, 관점 **점**

- **공통점**(共함께공 通통할통 點)
  함께 가지고 있는 측면
- **차이점**(差어긋날차 異다를이 點)
  서로 어긋나서 다른 점
- **관점**(觀볼 관 點)
  보는 방향
- **합의점**(合합할합 意의견의 點)
  의견이 일치하거나 일치할 수 있는 측면
- **전환점**(轉바꿀전 換바꿀환 點)
  다른 방향으로 바뀌는 계기
- **단점**(短부족할단 點)
- **= 결점**(缺모자랄 결 點)
  부족한 점
- **장점**(長나을장 點)
  더 나은 점
- **강점**(强강할강 點)
  우세하고 강한 점
- **약점**(弱약할약 點)
  취약하고 모자란 점
- **초점**(焦태울초 點)
  모이는 점
- **분기점**
  (分갈라질분 岐갈림길 기 點)
  갈라지는 시점

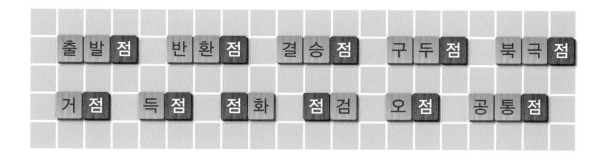

출발점 반환점 결승점 구두점 북극점

거점 득점 점화 점검 오점 공통점

點
점 점

출발점

반환점

결승점

구두점

점대칭

대칭점

교차점

북극점

남극점

발사 지점

반점

통점

온점

냉점

발화점

거점

점자

득점

실점

① 공통으로 들어갈 한자를 따라 쓰세요.

반
득 ─ 출 발 ─ 點 ─ 공 통 ─ 자
오 점 점 화
검

② 어떤 낱말에 대한 설명인지 쓰세요.

1) 눈이 보이지 않은 사람을 위해 만든 점으로 된 글자 → ☐☐

2) 돌아오는 지점 → ☐☐☐

3) 아픔을 느끼는 감각점 → ☐☐

4) 처음 불이 붙거나 폭발한 지점 → ☐☐☐

5) 지구의 가장 남쪽 끝 지점 → ☐☐☐

③ 알맞은 낱말을 찾아 문장을 완성하세요.

1) 우리 선수가 드디어 ☐☐☐에 골인했습니다.

2) 피부에 울긋불긋한 ☐☐이 생겨서 병원에 갔어요.

3) 네가 스스로 고쳐야 하는 ☐☐을 세 가지만 말해 봐.

4) 상대 팀 ☐☐이 벌써 30점을 넘었어.

5) 아침을 많이 먹었더니 ☐☐에 입맛이 없네.

4 문장에 어울리는 낱말을 골라 ○표 하세요.

1) 야호! 이번 시험에서 (총점 / 만점)을 받았어.

2) 오늘은 가스가 새지 않는지 (점검 / 점화)하는 날이에요.

3) 엄마랑 나는 서로 통하는 (공통점 / 차이점)이 많아요.

4) 단점을 (약점 / 강점)으로 바꾸니 자신감이 생겼어요.

5) 취재진은 로켓이 발사되는 (발화점 / 발사 지점)에 나와 있습니다.

5 다음 중 나머지 셋과 <u>다르게</u> 쓰인 '점'을 고르세요. (   )

① 누나는 이번 시험에서 <u>만점</u>을 받았어요.
② 우리 팀이 획득한 <u>총점</u>은 300점이다.
③ <u>실점</u>으로 인해 우리 팀은 최대 위기를 맞이했다.
④ 이 길을 죽 따라 가면 <u>상점</u>들이 많은 번화가가 나와요.

6 그림과 어울리는 낱말을 연결하세요.

1)

2)

3)

점심   발화점   북극점

| 만점 |
| 총점 |
| 동점 |
| 점화 |
| 점검 |
| 오점 |
| 점심 |
| 공통점 |
| 차이점 |
| 관점 |
| 합의점 |
| 전환점 |
| 단점 |
| 결점 |
| 장점 |
| 강점 |
| 약점 |
| 초점 |
| 분기점 |

농촌에서는 일할 사람을 애타게 찾고 있네요.

사람을 구하는 것은 구인이라고 해요.

모두 도시로 떠나 농촌에서는 구인이 힘들대요.

구인이 힘든 것은 '어려울 난(難)'을 붙여서 구인난이라고 해요.

반대로 직업을 구하는 것은 구직이라고 하지요.

다음 빈칸을 채워 낱말을 완성해 보세요.

직업을 구하는 사람은 ☐☐자, 직업을 구하기 어려우면 ☐☐난.

求	구할 구

- **구인**(求 人 사람 인)
  일할 사람을 구함
- **구인난**(求人 難 어려울 난)
  사람을 구하기 어려움
- **구직**(求 職 직업 직)
  직업을 구함
- **구직자**(求職 者 사람 자)
  직업을 구하는 사람
- **구직난**(求職難)
  직업을 구하기 어려움
- **급구**(急 급할 급 求)
  급히 구함

아래 종이는 일할 사람과 잃어버린 강아지를 찾는 전단지예요.
어? 그런데 어색한 곳이 있어요. 어디일까요? (   )

① 급구 ② 급히 찾고 있어요. 아르바이트 ○○명 모집	③ 급구 ④ 강아지를 찾습니다. 이름 : 단비 나이 : 10개월

정답은 ③번이지요. 갖고 있다가 잃어버린 것을 찾을 때는 '구할 구
(求)'를 쓰지 않아요. 가지고 있지 않은 것을 찾을 때에만 쓰지요.

求	**구할 구**

- **구입**(*求* 入들 입)
  구해서 들여옴
- **구애**(*求* 愛사랑 애)
  사랑을 구함
- **구혼**(*求* 婚결혼 혼)
  결혼 상대자를 구함, 또는 결혼을 청함
- **구도**(*求* 道이치 도)
  진리나 깨달음을 구함
- **연목구어**(緣인할 연 木나무 목 *求* 魚물고기 어)
  나무에서 물고기를 구함
- **상산구어**
  (上위 상 山뫼 산 *求* 魚)
  산 위에서 물고기를 구함

도서관 책장이 텅텅 비어 있어요. 위 그림의 빈칸에 들어갈 적당한 말은 뭘까요? (　　)

① 개입　　　② 구입　　　③ 탐구　　　④ 애걸

맞아요. 정답은 ②번, 구입이죠. 구입은 구해서 들여온다는 말이에요. 책 구입을 꽤 많이 해야겠네요.
다음 빈칸을 채워 낱말을 완성해 보세요.
사랑을 구하는 것은 ☐애,
결혼 상대자를 구하는 것은 ☐혼,
진리나 깨달음을 구하는 것은 ☐도지요.

저런, 나무에서 낚시를 하고 있네요!
이런 행동을 사자성어로 연목구어라고 해요. 나무에서 물고기를 구하려고 한다는 뜻이에요.
나무에서 물고기가 잡힐 리가 없겠죠? 그래서 도저히 불가능한 일을 빗댈 때 쓰는 말이지요.
비슷한 말로 상산구어가 있어요.
산 위에서 물고기를 구한다는 말이죠.

求 | 빌
청할 구

- **구걸**(求 乞빌걸)
거저 달라고 비는 것
- **요구**(要필요할요 求)
필요한 것을 달라고 함
- **촉구**(促재촉할촉 求)
무엇을 해 달라고 재촉함
- **구형**(求 刑형벌형)
형벌에 처해 달라고 함
- **청구**(請청할청 求)
달라고 부탁함
- **청구서**(請求 書문서서)
청구하는 문서

걸인의 행동을 가장 알맞게 표현한 말은 무엇일까요? (　　)

① 구명　　② 청구　　③ 구걸　　④ 요청

맞아요. 정답은 ③번, 구걸(求乞)이에요. 거저 달라고 빈다는 말이에요.
필요한 것을 구하는 방법 중에 하나이지만,
구걸보다는 다른 방법이 더 좋겠죠?
용돈은 구걸하는 게 아니에요.
필요한 것을 달라고 하는 것은
요구(要求)라고 해요.
다음 빈칸을 채워 보세요.
무엇을 해 달라고 재촉하는 것은 촉□,
형벌에 처해 달라고 하는 것은 □형이에요.
청구(請求)는 남에게 돈이나 물건 등을 달라고 부탁하는 것을 말해
요. 청구하는 문서는 청구서라고 하지요.

🔔 **구조**
불이 나면 119 소방대원이 구조
를 하지요. 이때의 '구'는 돕는
다는 뜻의 '구원할 구(救)' 자
를 써요. '구할 구(求)'와는 다
르나는 짐을 기억하세요.

🔔 **이런 말도 있어요**

각주구검은 '칼을 떨어뜨린 자리를 배에 새겨 놓고 칼을 찾으려 한다'라는 말이에요.
움직이는 배를 타고 강을 건너다가 칼을 강물에 빠뜨렸다면, 칼을 떨어뜨린 곳을
배에 표시해 봐야 소용없겠죠? 그래서 각주구검은 '현실에 맞지 않는 낡은
생각을 고집하는 어리석음'을 가리킬 때 쓰는 말이지요.

- **각주구검**(刻새길각 舟배주 求구할구 劍칼검) 칼을 떨어뜨린 자리를 배에 새겨 놓고 칼을 찾으려 함

求 **바랄 구**

■ **추구**(追쫓을 추 求)
바라는 것을 좇음
■ **욕구**(欲하고자할 욕 求)
무언가를 하고자 바람
■ **간구**(懇간절할 간 求)
간절히 바람
■ **갈구**(渴목마를 갈 求)
목마른 사람이 물을 찾듯 간절히 바람

추구(追求)란 바라는 것을 좇는 것을 말해요.
여기서 구(求)는 '바라다'는 뜻을 가지고 있어요.
바라다는 뜻을 생각하면서 아래 낱말들을 완성해 보세요.
무언가를 하고자 바라는 것은 욕☐, 간절히 바라는 것은 간☐,
목마른 사람이 물을 찾듯 간절히 바라는 것은 갈☐.
아이가 쥐불놀이를 하고 있네요!
손으로 끈을 꼭 붙잡고 있기 때문에 날아가지 않고 계속 돌고 있지요. 이렇게 중심으로 끌어당기는 힘을 구심력이라고 해요.
구심력(求心力)은 중심으로 나아가려는 힘이에요. 달이 지구 주위를 벗어나지 않고 계속 도는 것도 지구와 달 사이에 구심력이 작용하기 때문이지요.
구심력이 작용하는 중심점은 ☐☐점,
구심력이 작용하는 운동은 ☐☐ 운동.
반대로 중심에서 멀어지려는 힘은 원심력이라고 해요.

求 **나아갈 구**

■ **구심력**(求 心중심 심 力힘 력)
중심으로 나아가려는 힘, 물체가 빙빙 돌 때 그 물체를 중심으로 끌어당기는 힘
■ **구심점**(求心 點점 점)
구심력이 작용하는 중심점
■ **구심 운동**(求心 運움직일 운 動움직일 동)
구심력이 작용하는 운동
■ **원심력**(遠멀 원 心力)
중심에서 멀어지려는 힘

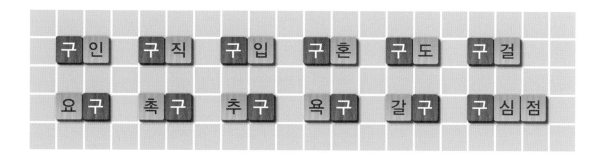

씨글자
블록 맞추기

求
구할 구

구인

구인난

구직

구직자

구직난

급구

구입

구애

구혼

구도

연목구어

상산구어

구걸

요구

❶ 공통으로 들어갈 한자를 따라 쓰세요.

급			직
요	인 난	求	연 목 어	혼
갈		구할 구	조

❷ 어떤 낱말에 대한 설명인지 쓰세요.

1) 일할 사람을 구함 ➡ ☐☐

2) 결혼 상대자를 구함 ➡ ☐☐

3) 중심으로 나아가려는 힘 ➡ ☐☐☐

4) 목마른 사람이 물을 찾듯이 간절히 바라는 것 ➡ ☐☐

5) 산에서 물고기를 구함 ➡ ☐☐☐☐

❸ 알맞은 낱말을 찾아 문장을 완성하세요.

1) 요즘에는 청년들의 ☐☐☐ 이 심해서 직업을 구하지 못한대.

2) 수컷이 암컷에게 사랑을 ☐☐ 하고 있어요.

3) 엄마, 화장지가 떨어졌어요. 빨리 ☐☐ 해야겠어요.

4) 달이 지구를 계속 도는 것은 지구와 달 사이에 ☐☐☐ 이
작용하기 때문이지.

5) 이번 달 보험료를 내라는 ☐☐☐ 가 왔어요.

4 문장에 어울리는 낱말을 골라 ○표 하세요.

1) (연목구어 / 각주구검)은(는) 나무에서 물고기를 구한다는 뜻이야.

2) 게임을 못하게 했더니 (욕구 / 추구) 불만이 이만저만이 아니야.

3) 일하던 사람이 그만둬서 (구인 / 구직) 광고를 냈어.

4) 저희들의 (요구 / 구걸)은(는) 용돈을 올려 달라는 거예요.

5) 중심에서 점점 멀어지려는 힘은 (구심력 / 원심력)이에요.

5 십자말 풀이를 완성해 보세요.

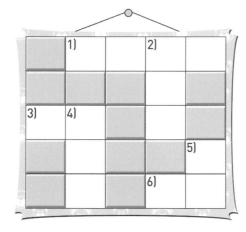

🔑 가로 열쇠
1) 나무에서 물고기를 구함
3) 급히 구함
6) 목마른 사람이 물을 찾듯 간절히 바람

🔑 세로 열쇠
2) 직업을 구하기 어려움
4) 빙빙 도는 물체를 끌어당기는 힘의 중심점
5) 간절히 바람

촉구	
구형	
청구	
청구서	
구조	
각주구검	
추구	
욕구	
간구	
갈구	
구심력	
구심점	
구심 운동	
원심력	

6 그림을 보고, 빈칸에 들어갈 알맞은 낱말을 쓰세요.

1)
도서를 □□해야겠어요.

2)
한 푼 줍쇼

3)
무~~울

도서를 [ ][ ]한다. 돈을 [ ][ ]한다. 물을 [ ][ ]한다.

고체라서 단단해요

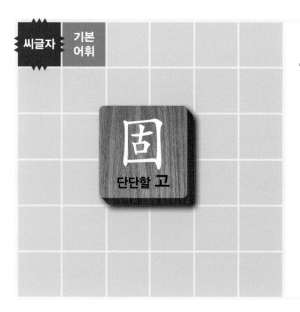

固 단단할 고

짜잔. 밀가루 반죽이 단단해져서 맛있는 붕어빵이 되었어요.

다음 중 단단한 것을 모두 골라 볼까요? (   )

① 사과   ② 돌멩이   ③ 물   ④ 우유   ⑤ 얼음   ⑥ 비눗방울

잘했어요. 사과, 돌멩이, 얼음은 모두 단단하지요.

그럼 이렇게 단단한 물체들을 뭐라고 할까요? (   )

① 단불   ② 단제   ③ 고불   ④ 고체

정답은 ④번이에요. 고체(固體)는 모양이 단단하게 굳어 있는 물체를 말해요. 이때 고(固)는 '단단하다', '굳다'는 뜻이지요.
한자의 생김를 잘 살펴보세요. 사방에 울타리(□)를 씌워 꼼짝 못하게 했으니 굳고 단단할 수밖에 없겠죠?
그럼 단단한 것 중에서도 특히 더 단단한 것은 뭐라고 할까요?
견고(堅固) 또는 강고(強固)라고 해요.
둘 다 매우 튼튼하고 단단하다는 뜻이에요.

固 **단단할 고**

■ **고체**(固 體몸 체)
단단하게 굳어 있는 물체

■ **견고**(堅굳을 견 固)
매우 굳고 단단함

■ **강고**(強강할 강 固)
매우 강하고 단단함

위 그림의 빈칸에 들어갈 낱말은 무엇일까요? (   )

① 고정　　　② 고무　　　③ 고생　　　④ 고민

固　단단할 고

- **고정**(固 定머무를 정)
전해진 자리에 단단하게 붙어
있음

- **고정 독자**(固定 讀읽을 독
者사람 자)
한 가지 신문이나 잡지를 정해
놓고 계속 보는 사람

- **고정 수입**(固定 收거둘 수
入들 입)
일정하게 벌어들이는 수입

- **고정 관념**
(固定 觀볼 관 念생각 념)
굳어진 방식으로 보고 생각함

쉽지요? 징답은 ①번, 고정이에요.

고정(固定)은 정해진 자리에 단단하게 붙어 있는 걸 말해요.

고정의 뜻을 생각하면서 다음 빈칸을 채워 볼까요?

한 가지 신문이나 잡지를 정해 놓고 계속 보는 사람은? ☐☐ 독자,

일정하게 벌어들이는 수입은? ☐☐ 수입.

고정은 물건을 한곳에 붙들어 둘 때만 쓰는 말이 아니에요.

시람이나 생각노 고정할 수 있어요.

굳어진 방식으로 보고 생각하는 것을 고정 관념이라고 하잖아요.

한 번 가졌던 생각을 바꾸지 않는 것을 뜻하는 말이죠.

자, 수수께끼를 낼 테니 맞으면 ○, 틀리면 ×표를 해 봐요.

- 간호사는 여자다. (   )
- 군인은 남자다. (   )
- 시험지 채점은 빨간펜으로 한다. (   )
- 책은 네모 모양이다. (   )

○표 한 것은 모두 우리 마음속의 고정 관념이에요.

실제로는 그렇지 않을 때도 많거든요.

앞으로도 민호는 동네 딱지왕 자리를 굳게 지킬 수 있을까요?

> 위 그림의 빈칸에 들어갈 말은 무엇일까요? (　　　)
>
> ① 보수　　　② 고수　　　③ 장수　　　④ 포수

좀 어렵죠? 정답은 ②번 고수예요.

고수(固守)는 차지한 물건이나 몸에 밴 습관 등을 굳게 지킨다는 말이에요.

생각이나 의지가 확실하고 굳센 것을 확고하다고 해요.

그럼 확고부동(確固不動)이란 무슨 말일까요?

결심이나 의지가 아주 굳세어서 움직이지 않는 것을 뜻하지요.

이렇게 고(固)는 '의지가 굳다', '태도가 굳세다'라는 뜻도 가지고 있어요.

固　굳을 고

- **고수**(固 守지킬수)
굳게 지킴
- **확고**(確확실할확 固)
확실하고 굳셈
- **확고부동**
(確固 不아니부 動움직일동)
결심이나 의지가 확실하고
굳세어 움직이지 않음

🔔 **이렇게도 쓰여요**

'사랑', '비' 같은 말은 외국에서 들어온 말이 아니에요. 원래부터 우리나라에서 쓰던 말이지요. 이런 말을 뭐라고 할까요?

맞아요, 고유어(固有語)예요.

이렇게 다른 데서 들여오거나 빌려 온 것이 아닌, 원래 있던 것을 가리킬 때 고유(固有)라는 말을 써요.

여기서 고(固)는 '본디, 원래'라는 뜻이에요.

- **고유**(固본디고 有있을유) 본래부터 가지고 있는 것
- **고유어**(固有 語말어) 본디부터 우리나라에서 쓰던 말

에헴, 한복은 우리나라 고유의 옷이야.

■ 고집(固 執잡을 집)
자기 생각을 단단히 붙잡고 고
치지 않는 것

■ 고집(固 執)쟁이
심하게 고집부리는 사람

■ 고집불통(固 執 不아니 불
通통할 통)
말이 통하지 않을 만큼 고집이
센 사람

■ 옹고집(甕막힐 옹 固 執)
고집쟁이보다 훨씬 더 꽉 막힌
사람

■ 완고(頑미련할 완 固)
미련할 정도로 고집을 부림

■ 황소고집(固 執)
황소처럼 한번 마음먹으면 꼼
짝하지 않는 고집

위 그림의 빈칸에 들어갈 말은 무엇일까요? (   )

① 고생   ② 고집   ③ 고정   ④ 고수

정답은 ②번, 고집이에요. 고집(固執)은 자기 생각을 단단히 붙잡고 고치지 않는 거예요. 뭔가를 고집할 때 '고집을 부리다', '고집을 피우다'라고 말해요.

그럼 심하게 고집을 부리는 사람을 뭐라고 할까요? ☐☐☐☐ .
맞아요, 고집쟁이 또는 고집불통이라고 해요.
말이 통하지 않을 만큼 고집이 세다는 뜻이지요.
또 고집이 매우 센 사람을 옹고집이라고도 해요.
고집쟁이보다 훨씬 꽉 막힌 사람이라고나 할까요?
그럼 미련할 만큼 자기 생각만 고집하는 건 뭐라고 할까요?
그건 완고하다고 말해요. 고집이 아주 센 것을 황소고집이라고도 한대요. 황소는 한번 마음에 들지 않으면 꼼짝도 안 하거든요. 그래서 황소고집이라는 말이 생겨났지요.

내 고집이
뭐 어때서.

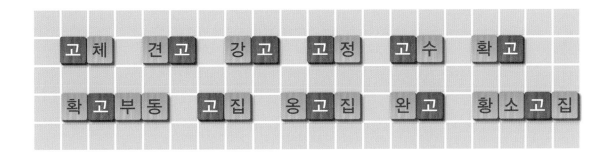

고체

견고

강고

고정

고정 독자

고정 수입

고정 관념

고수

확고

❶ 공통으로 들어갈 한자를 따라 쓰세요.

견
강 ─ 집 쟁 이 ─ 固 ─ 확 부 동 ─ 정 유 수
확

단단할 고

❷ 어떤 낱말에 대한 설명인지 쓰세요.

1) 모양이 단단하게 굳어 있는 물체 ➡ ☐☐

2) 일정하게 벌어들이는 수입 ➡ ☐☐☐☐

3) 심하게 고집부리는 사람 ➡ ☐☐쟁이

4) 미련할 정도로 고집을 부림 ➡ ☐☐

5) 한 가지 신문이나 잡지를 계속 정해 놓고 보는 사람 ➡ ☐☐☐☐

❸ 알맞은 낱말을 찾아 문장을 완성하세요.

1) 간호사가 모두 여자라고 생각하는 건 ☐☐☐☐이야.

2) 바람이 심하게 부니까 텐트를 단단하게 ☐☐하자.

3) 내 생각은 확실하고 굳세! ☐☐부동하다고.

4) 〈옹고집전〉에 나오는 옹고집은 ☐☐불통이야.

5) 돌멩이, 얼음은 단단한 물체인 ☐☐야.

4 문장에 어울리는 낱말을 골라 ○표 하세요.

1) 한번 마음먹으면 꼼짝하지 않는 고집은 (황소고집 / 사자고집)이야.

2) 김치는 우리나라 (고유 / 고정)의 음식이야.

3) 난 늙어 죽을 때까지 딱지왕 자리를 (고수 / 고유)할 거야.

5 그림을 보고, 빈칸에 들어갈 알맞은 낱말을 [보기]에서 찾아 쓰세요.

| 보기 | 오락가락 | 확고부동 | 갈팡질팡 |

난 반드시 제2의 박지성이 될 거야.

그 짧은 다리로?

두고 봐, 꼭 박지성처럼 될 테니.

의지가 □□□□해서 말릴 수가 없겠다.

6 밑줄 친 부분과 뜻이 비슷한 낱말을 순서대로 짝 지은 것을 고르세요.

( )

로봇 팔이 몸체에 꽉 붙어서 안 움직여!

누가 접착제로 아주 단단하게 붙여 놓았네.

① 고정-견학 ② 고장-견학
③ 고정-견고 ④ 고장-견고

확고부동

고유

고유어

고집

고집쟁이

고집불통

옹고집

완고

황소고집

意
마음 의

여의주를 가지고, 내 맘대로 얍!

매일 30분 운동

저렇게 □□가 박약해서야 원...

위 그림에서 빈칸에 들어갈 가장 알맞은 말은? (　　　)

① 의도　　　② 의사　　　③ 의지　　　④ 의욕

정답은 ③번이에요. 의지(意志)는 어떤 일을 이루려고 하는 생각과 뜻을 말하죠. '박약'은 아주 약하다는 뜻이에요. 그러니까 의지박약은 일을 끝까지 해내려는 생각이 약하다는 뜻이에요. 어떤 결정을 확실히 내리지 못할 때도 쓰는 말이죠.

의(意)는 마음이나 뜻을 의미해요. 한자를 살펴보면 마음[心]으로 생각하는 일이 소리[音]로 표현된다는 뜻이지요. 뚜렷한 목표를 향해 가는 적극적인 마음인 거죠.

이제 알맞은 말로 다음 빈칸을 채워 보세요.

□사는 어떤 일을 하려는 생각, □도는 어떤 일을 꾀하는 마음, □욕은 어떤 일을 하려는 적극적인 마음이나 욕망을 말해요. 완성된 낱말은 의사, 의도, 의욕이지요. 의사에 비해 의도는 어떤 일을 미리 계획하고 있음을 강조하는 말이에요.

意　마음 의

■ 의지(意 志뜻 지)
어떤 일을 이루려고 하는 마음과 뜻

■ 의지박약
(意志 薄얇을 박 弱약할 약)
의지가 굳세지 못하고 약함

■ 의사(意 思생각 사)
어떤 일을 하려는 마음과 생각

■ 의도(意 圖꾀할 도)
어떤 일을 꾀하는 마음

■ 의욕(意 慾마음 욕)
어떤 일을 하려는 적극적인 마음

🔔 득의양양(得얻을 득 意 揚 날릴 양 揚)은 마음먹은 바를 이루어 우쭐거리며 뽐내는 태도를 말해요.

다음 빈칸에 가장 알맞은 말은 무엇일까요? (   )
"그는 뜻하지 않은 □□의 사고를 당해 크게 다쳤습니다."

① 타의   ② 불의   ③ 자의   ④ 고의

정답은 ②번 불의(不意)예요. 불의의 사고는 뜻하지 않은,

즉 미처 생각지 못했던 사고라는 말이지요.

고의는 일부러 하려는 마음이라는 뜻이에요.

빈칸을 채우면서 계속 읽어 볼까요?

자신이 뜻한 대로면 자□, 남이 뜻한 대로면 타□,

선석으로 내 뜻에 의한 것이 아니라 절반은 남의 뜻에 의한 상황은

□□ 반 □□ 반, 속에 품은 자신의 진짜 마음은 진□라고 해요.

완성된 낱말은 자의, 타의, 자의 반 타의 반, 진의예요.

여의주를 사 달라고 하다니! 아빠가 과연 사 주실 수 있을까요?

여의주는 자기가 마음먹은 것과 같이 되게 해 주는 구슬이라는 뜻이

에요. 마음대로 되지 않을 때 여의치 않다라고 하잖아요.

여의치 않을 때는 마음대로 하기도 해요.

그 사람의 마음대로 한다는 말은 임의라고 해요.

자의도 마음대로 한다는 뜻이지만 임의보다는 부정적으로 쓰여요.

제멋대로 하는 생각을 말하거든요. 자의적 해석이란 말은 제멋대로

해석하는 것을 뜻하고요.

意 뜻, 마음 의

■ 불의(不아니불 意)
뜻하지 않은

■ 고의(故일부러고 意)
일부러 하려는 마음

■ 자의(自자기자 意)
자기 뜻

■ 타의(他남타 意)
남의 뜻

■ 자의 반 타의 반
(自意 半절반반 他意半)
절반은 남에 뜻에 의한 상황

■ 진의(眞참진 意)
진짜 마음

■ 여의주
(如같을여 意 珠구슬주)
마음먹은 대로 이뤄 주는 구슬

■ 여의(如意)치 않다
마음대로 되지 않다

■ 임의(任맡길임 意)
마음대로, 그 사람 마음에 맡김

■ 자의(恣멋대로자 意)
마음대로 하는 생각

■ 자의(恣意)적 해석
제멋대로 하는 해석

악의는 나쁜 마음, 못된 마음이에요. 악의 없는 사람은 나쁜 마음이 없는 사람이겠죠?

이 녀석 때문에 도망도 못 가고

악의는 없다. 내 할 일을 했을 뿐…

그럼 '악의'의 반대말은 무엇일까요? (   )

① 선의   ② 적의   ③ 호의   ④ 경의

정답은 ①번이에요. 선의는 착한 마음을 뜻하거든요.
③번 호의가 답인 줄 알았다고요?
호의는 누구를 좋게 생각하거나 친절하게 대하는 마음이에요.
반면에 미워하는 마음은 적의예요. 적으로 대하는 마음, 즉 해치고
자 하는 마음을 가리키거든요. 호의는 베푼다고 하고, 적의는 품는
다고 말해요.
빈칸을 채우며 의(意)가 들어간 여러 가지 마음을 익혀요.
정성스러운 마음은 성의, 존경하는 마음은 경☐,
감사하는 마음은 사☐, 실망하는 마음은 실☐예요.
또 어떤 일을 이루어 내려는 뜨거운 의지는 열☐라고 해요.
빈칸을 채우면 경의, 사의, 실의, 열의가 돼요.
한편 조의(弔意)는 죽음을 슬퍼하는 마음이에요.
장례식에 가면 고인과 유족에게 조의를 표현하잖아요.
서로 감추는 것이 없이 터놓고 가까이 지내는 것을 격의 없다라고
말해요. 마음에 감추는 것이 있으면 거리감을 느끼게 되죠?
격의 없다는 거리를 두는 마음이 없이 친밀하다는 뜻이지요.

意 마음 의

악의(惡나쁠악 意)
나쁜 마음

선의(善착할선 意)
착한 마음

호의(好좋아할호 意)
좋게 생각하는 마음

적의(敵미워할적 意)
미워하는 마음

성의(誠정성성 意)
정성스러운 마음

경의(敬존경경 意)
존경하는 마음

사의(謝감사사 意)
감사하는 마음

실의(失잃을실 意)
실망하는 마음

열의(熱뜨거울열 意)
뜨거운 마음

조의(弔슬퍼할조 意)
죽음을 슬퍼하는 마음

격의(隔떨어질격 意) **없다**
거리를 두는 마음이 없이 친밀하다

意 | 의견 의

- **의견**(意 見생각 견)
  사물에 대한 생각
- **중의**(衆여러 사람 중 意)
  여러 사람의 의견
- **민의**(民백성 민 意)
  백성, 국민들의 의견
- **하의상달**(下아래 하 意 上위 상
  達전달 달)
  아래의 의견이 위에 전달됨
- **창의**(創새로울 창 意)
  새로운 의견
- **창의력**(創意 力힘 력)
  새로운 생각을 해내는 힘
- **동의**(同같을 동 意)
  같은 의견
- **합의**(合일치할 합 意)
  의견이 일치됨

일주일에 4일만 학교에 간다면, 좋겠죠? 하지만 부모님 의견은 다를 수도 있어요. 의견(意見)은 어떤 일에 대한 생각을 말해요.
여러 사람의 의견은 중의라고 해요.
학생회가 학생들의 중의를 대변하는 곳이라면 국회는 국민들의 중의를 대변하는 곳이죠. 대변은 대신하여 말한다는 뜻이거든요.
한편, 국민들의 뜻은 민의라고 해요. 민의에 따라 정책을 결정하고 집행하는 것은 민주주의 정치의 기초겠지요?
그럼 아래의 의견이 위에 전달된다는 뜻을 가진 말은 뭘까요?
정답은 하의상달이에요. 이와 반대말인 '상명하달'은 위의 명령을 아래에 전달한다는 뜻이지요.
새로운 생각이 넘치는 사람을 창의적인 사람이라고 하잖아요.
새로운 의견을 생각해 내는 힘이 창의력이고요.
친구 의견이 내 생각과 같으면 친구의 의견에 동의하고, 친구와 의견이 다르면 합의해서 하나의 의견으로 만들지요. 이렇게 다른 의견을 맞추어 나가면 문제나 싸움은 생기지 않을 거예요.

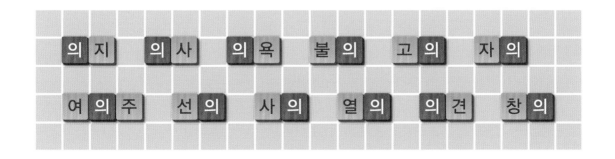

| 의지 | 의사 | 의욕 | 불의 | 고의 | 자의 |
| 여의주 | 선의 | 사의 | 열의 | 의견 | 창의 |

意
마음 의

의지

의지박약

의사

의도

의욕

득의양양

불의

고의

자의(自意)

타의

자의 반
타의 반

진의

어의주

여의치 않다

임의

자의(恣意)

자의적 해석

악의

① 공통으로 들어갈 한자를 따라 쓰세요.

불
타 — 여 주 — 意 — 하 상 달 — 지
호 마음 의 욕
견

② 어떤 낱말에 대한 설명인지 쓰세요.

1) 나쁜 마음 → ☐☐

2) 새로운 생각을 해내는 힘 → ☐☐☐

3) 죽음을 슬퍼하는 마음 → ☐☐

4) 의지가 굳세지 못하고 약함 → ☐☐☐☐

5) 아랫사람의 의견을 위에 전달함 → ☐☐☐☐

③ 알맞은 낱말을 찾아 문장을 완성하세요.

1) 반드시 병을 이겨내겠다는 환자의 ☐☐ 가 중요해요.

2) 이웃집과 거리를 두지 않고 ☐☐ 없이 지내고 있어.

3) 너의 진짜 마음인 ☐☐ 를 보여 줘.

4) 자! 이번 주제에 대한 ☐☐ 을 모아볼까요?

5) 새로운 생각이 쑥쑥! ☐☐☐ 을 키워요.

4 문장에 어울리는 낱말을 골라 ○표 하세요.

1) 선거는 국민의 (민의 / 경의)를 반영할 수 있어요.

2) 공부는 (자의 / 고의)적으로 해야 성적이 오르지.

3) 상황이 (호의 / 여의)치 않아서 올 여름에도 피서를 못 가겠네.

4) 여러 사람의 의견은 (사의 / 중의)라고 해.

5) 많은 사람에게 (호의 / 적의)를 베풀어야 복이 오지.

5 빈칸에 들어갈 알맞은 낱말을 써서 대화를 완성하세요.

1) 윤호 : 너 때문에 내가 얼마나 고생했는지 아니?

기영 : 미안해, ☐☐는 아니었어. 일부러 그런 게 아니라고.

2) 지영 : 쟤는 왜 저렇게 ☐☐에 빠져 있니?

진희 : 글쎄, 이번 시험에 빵점을 맞아서 실망했겠지.

3) 윤호 : 기영이가 왜 그렇게 말한 건지 넌 아니?

진희 : 아니, 도저히 ☐☐를 파악할 수가 없네.

4) 희종 : 어떻게 그런 나쁜 말을 할 수가 있어?

지영 : 절대 ☐☐가 있어서 그런 건 아니야.

6 상황과 어울리는 낱말을 연결하세요.

1) 민서네 할머니가 돌아가셨어요. •   • 사의

2) 새로운 생각이 넘치는구나. •   • 조의

3) 성적이 떨어져서 실망했어요. •   • 창의

4) 지갑을 찾아 주셔서 고마워요. •   • 실의

선의
호의
적의
성의
경의
사의
실의
열의
조의
격의 없다
의견
중의
민의
하의상달
창의
창의력
동의
합의

결승전의 대결은 흥미진진

決
결정할 **결**

이제 곧 최홍면 선수와 호두 선수 간의 세기의 □□이 시작되겠습니다.

위 빈칸에 들어갈 말은 뭘까요? (　　　)

① 양심　　　　　　② 한결
③ 대결　　　　　　④ 살림

정답은 ③번, 대결이에요. 대결(對決)은 서로 맞서서 승패를 결정하는 것을 말해요. 게임이나 운동 경기에서 양 팀이 겨루거나, 싸움을 해서 승자를 정하는 것은 모두 대결이죠.

대결을 해서 결판(決判)을 내자라고 하면 겨루어서 이기고 지는 것에 대해 최후의 판정을 내자는 뜻이에요.

결승전은 운동 경기 등에서 마지막으로 승부를 가리는 시합으로 결판을 내는 시합이 되겠네요.

항복을 하든가 팔이 부러지든가 **결정**하라고!

이럴 때 결(決)은 '결정하다, 결단하다'라는 뜻이죠.

최홍면 선수가 무언가 결정을 해야 하는 상황이네요. 결정은 행동이나 태도를 분명하게 정하는 것을 말해요.

決 결정할 결

■ **대결**(對대할 대 決)
맞서서 승패를 결정함

■ **결판**(決 判판단할 판)
옳고 그름, 이기고 지는 것을 가리어 최후의 판정을 내림

■ **결승전**
(決 勝이길 승 戰싸움 전)
마지막으로 승부를 가리는 시합

■ **결정**(決 定정할 정)
행동이나 태도를 분명하게 정함

흠, 광고에서 많이 보았던 말이죠?
결정판은 완벽한 출판물, 혹은 더
손댈 것이 없을 만큼 완벽한 결과
물이라는 말이에요.

결정타도 원래의 뜻은 승부를 판가
름할 결정적인 타격을 말하죠. 그런데 '일의 결과에 결정적으로 영
향을 미치는 것'을 뜻하는 비유적 표현으로 훨씬 자주 쓰이는 말이
에요. '가수에게 마이크를 빼앗는 것은 결정타를 가하는 것'과 같은
식으로 쓰이죠.

결(決)코라는 말은 '어떤 경우에도
절대로'라는 뜻이에요. 보통 아
니다, 못하다, 없다와 같은 부
정어와 함께 쓰이죠.

헷갈리기 쉬운 결단(決斷)코라
는 말은 마음먹은 대로 반드시
라는 뜻이에요. 결코와 결단코
는 종종 비슷한 뜻으로 쓰이기도 하
지만, 결코 뒤에는 항상 부정어가 따라다닌다는 섬을 잊시 마세요.
매년 새해가 되면 한 가지씩은 '이걸 하겠어!'
라고 정해 놓죠? 날씬해지는 게 소원인 큰누나
는 책상 앞에 이런 걸 붙여 놨네요.
할 일에 대하여 어떻게 하기로 마음을 굳게 정
하는 것을 결심(決心)이라고 해요.
뜻을 정하여 굳게 마음을 먹는 것은 결의(決意)라고 하고요.
큰누나는 살을 빼겠다는 굳은 결의를 보이고 있네요.
누나의 남자 친구는 통통한 게 좋다며 결사반대하고 있지만요.
결사(決死)는 죽기를 각오하고 있는 힘을 다할 것을 결심하는 것을
말하지요.

決 결정할 결

- **결정판**(決定 版판판)
  더 고치거나 보탤 것이 없을 정
  도로 완벽한 결과물
- **결정타**(決定 打때릴 타)
  야구나 권투 등에서 승부를 판
  가름하는 결정적인 타격, 또는
  일의 결과에 결정적으로 영향
  을 미치는 것
- **결(決)코**
  어떤 경우에도 절대로(부정어
  와 함께 쓰임)
- **결단**(決 斷끊을 단)**코**
  마음먹은 대로 반드시
- **결심**(決 心마음 심)
  할 일에 대해 어떻게 하기로 마
  음을 굳게 정함
- **결의**(決 意뜻 의)
  뜻을 정하여 굳게 마음을 먹음
- **결사**(決 死죽을 사)
  죽기를 각오하고 있는 힘을 다
  할 것을 결심함

決　결정할 결

- **다수결**(多 많을 다 數 숫자 수 決)
  많은 사람의 의견에 따라 결정하는 일

- **표결**(票 표 표 決)
  투표를 하여 결정함

- **가결**(可 허락할 가 決)
  회의에서 제출된 안건을 옳다고 결정함

- **결의**(決 議 의논할 의)
  회의에서 안건을 결정함, 합법적 절차를 거쳤지만 법으로 강제할 수 없음

- **의결**(議決)
  의논하여 결정함, 법적 구속력을 가짐

- **결재**(決 裁 결단할 재)
  윗사람이 부하가 올린 안건을 검토해 허가함

- **결재권**(決裁 權 권리 권)
  결재할 권한

위 그림의 빈칸에 알맞은 말은 무엇일까요? (　　　)

① 하수구　　② 가수상　　③ 나뭇결　　④ 다수결

정답은 ④번, 다수결이에요. 다수결(多數決)은 회의에서 많은 사람의 의견에 따라 결정하는 것을 말해요. 우리 반의 반장을 뽑을 때나 회의 시간에 어떤 결정할 문제에 대해 투표하는 일이 있죠? 이렇게 투표를 해서 결정하는 것은 표결이라고 해요.

가결(可決)은 회의에 제출된 안건에 대해 옳다고 결정한다는 뜻이에요. 그러니까 '11시까지 등교하자'라는 안건은 다수결에 의해 가결되었다는 말이죠.

결의(決議)와 의결(議決)은 각각 회의에서 안건을 결정하다, 의논하여 결정하다는 뜻으로 그 의미가 비슷해요. 그런데 법적 구속력이 있는 쪽은 의결이에요.

결의(決裁)　　의결(議決)

합법적 절차를 거쳤지만 법으로 강제할 수는 없음　　법적 구속력을 가짐

결재(決裁)는 결정할 권한이 있는 윗사람이 부하가 올린 안건을 검토해 허가하는 것을 말해요. 이런 권한을 결재권이라고 하죠.

이렇게 결(決)은 '결정의 방법'과 관련된 낱말들에서 많이 쓰이지요.

決 판결할 결

- **판결(判**판단할 판 **決)**
  옳고 그름을 판단하여 결정함
- **즉결(卽**곧 즉 **決)**
  그 자리에서 곧 결정함
- **기결(旣**이미 기 **決)**
  이미 판결함
- **부결(否**아니 부 **決)**
  의논한 안건을 받아들이지 않
  기로 결정함
- **미결(未**아직 미 **決)**
  아직 결정하지 아니함

판결(判決)이란 옳고 그름을 판단하여 결정하는 것을 말해요.
재판관이 그 자리에서 바로 판결을 내리면 즉결 심판이 돼요.
내일이면 이 사건은 이미 해결된 후니, 기결된 상태가 되겠죠.
햄을 벌주고 싶은 소시지의 부탁이 받아들여지지 않으면 부결(否決)
되었다고 하죠. 한참 후에도 이 사건이 해결이 안 된 채로 있다면 미
결로 남게 될 거예요. 이럴 때 결(決)은 '판결'이라는 뜻이에요.

노동자인 일벌들이 여왕벌에
게 하루 8시간 노동을 제시했
지만 협상은 이루어지지 않았
어요. 이 협상은 의견이 합쳐
지지 않았으므로 결렬되었다
고 해요.

**決 터질 결
끊을 결**

- **결렬(決 裂**찢어질 렬**)**
  갈래 갈래 찢어짐, 또는 협상에
  서 의견이 합쳐지지 않아 각각
  갈라서게 됨
- **결하지세**
  (決 河강 하 **之**의 지 **勢**기세 세**)**
  홍수가 져서 큰물이 둑을 무너
  뜨리고 넘쳐흐르는 기세
- **자결(自**스스로 자 **決)**
  스스로 목숨을 끊음

화가 난 일벌들이 결하지세로 궁에 쳐들어가게 되었죠. 결하지세(決
河之勢)는 걷잡을 수 없이 세찬 기세를 이르는 말이에요. 그런데 일
벌 한 마리가 여왕의 부당함을 세상에 폭로하며 자결을 했대요.
자결(自決)은 스스로 목숨을 끊는 것을 말해요. 또 스스로 해결한
다는 의미도 있고요. 이렇게 결(決)은 '끊다'는 뜻도 있어요.

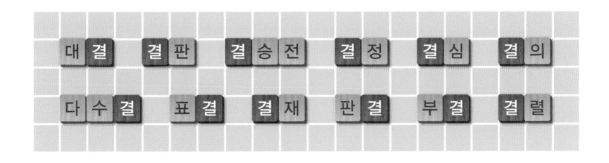

대 **결**	**결** 판	**결** 승 전	**결** 정	**결** 심	**결** 의
다 수 **결**	표 **결**	**결** 재	판 **결**	부 **결**	**결** 렬

決
결정할 결

대결

결판

결승전

결정

결정판

결정타

결코

결단코

결심

결의

결사

다수결

표결

1 공통으로 들어갈 한자를 따라 쓰세요.

대
표 — 다 수 — 決 — 하 지 세 — 심
판   결정할 결   의
                            재

2 어떤 낱말에 대한 설명인지 쓰세요.

1) 서로 맞서서 승패를 결정하는 것 → ☐☐

2) 고치거나 보탤 것이 없을 정도로 완벽한 결과물 → ☐☐☐

3) 승부를 판가름하는 결정적인 타격 → ☐☐☐

4) 죽기를 각오하고 있는 힘을 다할 것을 결심하는 것 → ☐☐

5) 마지막으로 승부를 결정하는 시합 → ☐☐☐

3 알맞은 낱말을 찾아 문장을 완성하세요.

1) 게임을 할 건지, 말 건지, 어서 ☐☐ 해.

2) 새해에는 굳게 마음먹고 살을 빼기로 ☐☐ 했어.

3) 우리 반 반장은 모든 사람이 투표해서 ☐☐☐ 로 결정했어.

4) 부장님, 지난 번에 올린 인건에 대해 ☐☐ 해 주세요.

5) 홍수가 져서 큰물이 둑을 무너뜨리고 넘쳐흐르는 기세는

☐☐☐☐ 야.

④ 문장에 어울리는 낱말을 골라 ○표 하세요.

1) K 감독의 1986년도 작품은 코미디 영화의 (결정판 / 결승전)이었어.

2) 이번 달까지 (결코 / 결단코) 다이어트를 성공하고 말겠어.

3) (의결 / 결의)은 합법적인 절차를 거치기 때문에 법적 구속력이 있어.

4) 너와 나 둘 중 하나로 오늘 (결판 / 결의)을(를) 내자고.

5) 이번 사건에 대한 (판결 / 결렬)을 내리겠습니다.

⑤ 다음 중 그림의 상황과 어울리는 표현을 고르세요. (   )

여보, 우리 집을 다시 찾아올 수 있긴 할까요?

4개월째 소송 중인데… 판결이 안 나는구만…

① 운동을 하겠다는 결의가 대단한걸.
② 확실히 민족자결주의 영향을 받았어.
③ 사건 제1062호는 기결이 되었어.
④ 집 소유권 재판이 미결 상태야.

⑥ 그림을 보고, 빈칸에 들어갈 알맞은 낱말을 연결하세요.

1)

□□□를 받아랏!

헉! 공포의 플라잉니킥!

2)

□□□에 의해 우리 반만 11시에 등교하기로 했어요.

11시 등교
표표표표
표 표 표

3)

□□ 서류가 산더미…

• 다수결   • 결재   • 결정타

가결

결의

의결

결재

결재권

판결

즉결

기결

부결

미결

결렬

결하지세

자결

누가 정원 같은 걸 정한 거야?

定 정할 정

앗, 엑스 오빠들이다! 기다려요, 나도 탈 꼬얏!

타타타

쌩

땡! 정원 초과입니다. 나중에 타신 분은…

정원(定員)이란 일정한 규정에 따라 정해진 인원을 뜻해요.

모집 ▢▢, ▢▢ 미달 등으로 쓸 수 있지요.

빈칸에 들어갈 말은 물론 정원이겠죠?

시장에서는 물건 값을 에누리하지만, 마트나 백화점에서는 정해진

가격대로 사고팔아요. 이것을 정가 판매라고 해요.

일정하게 정해진 시각은 정시,

정해진 기간은 정기라고 하지요.

정기적인 것은 시기나 기한 등이 정해져 있는 것이고,

부정기적인 것은 시기나 기한이 정해져 있지 않다는 말이에요.

정시와 정기를 잘 구별해서 빈칸을 채워 볼까요?

▢▢ 퇴근   ▢▢ 검진   ▢▢ 출발   ▢▢ 휴일

정답은 정시-정기-정시-정기 순이에요.

퇴근이나 출발은 시각이 정해져 있는 것이고, 검진이나 휴일은 일

정한 기간을 두고 이루어지니까요.

또 월별로 정해진 금액은 월정액이라고 하고, 나라에서 정하여 사

용하게 하는 교과서는 국정 교과서라고 해요.

이처럼 정(定)은 '정하다' 또는 '정해진'이라는 뜻으로 쓰여요.

定 정할 정

■ 정원(定 員인원 원)
정해진 인원

■ 정가(定 價값 가)
정해진 값

■ 정시(定 時때 시)
정해진 시각

■ 정기(定 期기간 기)
정해진 기간

■ 정기적(定 期 的~하는 적)
시기나 기한 등이 정해져 있는

■ 부정기적(不아니 부 定期的)
시기나 기한 등이 정해져 있지
않은

■ 월정액(月달 월 定 額금액 액)
월별로 정해진 금액

■ 국정(國나라 국 定) 교과서
나라에서 정하여 사용하는 교
과서

"학기 말 시험 날짜가 ☐☐되었다."에서 빈칸에 들어갈 말은 무엇일까요? (　　)

① 측정　　② 부정　　③ 확정　　④ 개정

정답은 ③번, 확정(確定)이에요. 확실하게 정한다는 뜻이지요.
빈칸을 채우면서 정하는 말들을 더 알아볼까요?
미리 정하거나 예상하는 것은 예☐,
이미 정해진 것은 기☐,
아직 정하지 못한 것은 미☐이라고 하지요.

아저씨들, 얼른 일어나세요! 노약자석은 노인이나 약한 사람을 위한 지정석이라고요!
지정석은 특정한 사람이 앉도록 지정해 놓은 자리를 말해요.
지정은 여럿 가운데서 어떤 것을 가리켜 정한다는 뜻이거든요.
한편, 문화재 지정과 같이 개인이나 단체가 어떤 것에 특정한 자격을 주는 것도 지정이라고 해요.
제도나 법을 만들어 정하는 것은 제정한다고 하고요. 이렇게 만들어진 것을 다시 고쳐서 정하는 것은 개정이지요.
분량이 얼마나 되는지 기계나 도구로 재 보고 정하는 것은 측정이에요. 음주 ☐☐, 거리 ☐☐과 같이 쓰이죠.
빈칸에 들어갈 말은 물론 측정이겠죠?

定　정할 정

확정(確확실할 확 定)
확실하게 정함
예정(豫미리 예 定)
미리 정하거나 예상함
기정(旣이미 기 定)
이미 정해짐
미정(未아닐 미 定)
아직 정해지지 않음

🔔 기정사실

기정사실(旣定 事일 사 實실 제 실)이란 이미 결정되어 있는 사실, 즉 이미 정해진 일을 뜻하는 말이에요.
예 그가 망했다는 소문은 기정사실화 된 것이다.

지정(指가리킬 지 定)
여럿 가운데서 하나를 가리켜 정함 / 개인이나 단체가 어떤 것에 특정한 자격을 둠
지정석(指定 席자리 석)
특별히 정해 놓은 자리
제정(制만들 제 定)
제도나 법을 만들어 정함
개정(改고칠 개 定)
고쳐서 다시 정함
측정(測잴 측 定)
기계나 도구로 크기나 양을 잼

定 결정할 정

■ 결정(決판단할결 定)
결단을 내려 확정 지음
■ 결정적(決定 的~하는적)
일의 결과를 결정지을 만큼 중
요한
■ 단정(斷자를단 定)
딱 잘라서 판단하고 결정함
■ 협정(協협력할협 定)
서로 의논하여 결정함
■ 인정(認알인 定)
확실히 그렇다고 여김
■ 긍정(肯옳게여길긍 定)
옳다고 인정함
■ 부정(否아닐부 定)
인정하지 않음

결정적은 일의 결과를 결정지을 만큼 중요하다는 뜻이에요.
결정(決定)은 결단을 내려 분명하게 정하는 것이지요.
딱 잘라서 판단하고 결정하는 것은 단정이에요. 그러나 하나로 딱
잘라 정할 수 없는 일도 많잖아요. 그래서 단정은 주로 어떤 일을
성급하게 결정했다는 느낌을 주는 말이죠.
서로 의논하여 결정하는 것은 협정이라고 해요. 보통 국가와 국가
사이의 행정에 관련된 일들을 결정해요. 조약의 일종이죠.
협정은 서로의 입장을 인정할 때 맺을 수 있어요. 인정은 확실히 그
렇다고 여기는 거예요. 비슷한 말은 긍정이고요.
긍정은 옳다, 맞다고 인정하는 것이지요.

그럼 긍정과 반대되는 낱말은 무엇일까요? (   )

① 단정   ② 부정   ③ 미정

정답은 ②번, 부정(否定)이지요. 인정하지 않는다는 뜻이에요.

🔔 정족수

정족수(定 足필요할족 數숫자
수)란 회의를 하기 위해서 필요
하다고 정해진 최소한의 사람
수를 말해요. 정족수가 채워지
지 않으면 회의를 열지 못해요.

🔔 이런 말도 있어요

일의 사정을 헤아려 결정하지 않는 것을 무작정이라
고 해요. 미리 정한 계획이 없이 행동할 때도 쓰는 말
이지요. "무작정 길을 나섰다."처럼 쓰지요.
■ 무작정(無없을무 酌헤아릴작 定)
일의 사정을 헤아려 결정하지 않음

定 판단하여 결정할 정

■ **판정**(判판단할판 定)
판단하여 정함

■ **감정**(鑑감별할감 定)
감별하여 결정함

■ **감정사**(鑑定 士직업사)
감정하는 사람

■ **선정**(選고를선 定)
골라서 정함

■ **검정**(檢검사할검 定)
자격이 있고 없음을 검사해 결정함

권투나 레슬링 같은 운동 경기에서 승패가 확실치 않을 때는 무엇으로 승패를 가릴까요? (　　　)

① 판정　　② 검정　　③ 선정　　④ 감정

맞아요. 정답은 판정이에요. 판정(判定)은 잘 평가한 뒤 판단하여 결정한다는 말이에요. 운동 경기에서는 누가 더 잘했는지 심판이 판정하지요.

그럼 빈칸을 채우면서 낱말을 더 익혀 볼까요?

물건의 좋고 나쁨과 진짜 가짜를 판정하는 사람은 감□사예요.

감□은 감별하여 결정을 내리는 일이지요.

선□은 여럿 가운데서 몇 개를 골라 정하는 것이고요. '네티즌 신정 올해의 10대 뉴스' 같은 거지요.

검□은 자격이 있고, 없음을 검사하여 평가한 뒤에 결정하는 거예요. 출판사에서 만든 뒤 검정을 통과하여 교과서로 인정받은 책은 검□ 교과서라고 하지요.

여기서 정(定)은 '평가하여 결정한다'는 뜻을 가지고 있어요.

🔔 **배정**
배정(配나눌배 定)은 몫을 나누어 정하는 것을 말해요.
예 방 배정, 업무 배정

🔔 **검정고시**
검정고시(檢定 考시험고 試시험시)는 어떤 자격에 필요한 지식이나 기술 등이 있는지 알아보기 위해 실시하는 시험이에요.
예 대입 검정고시

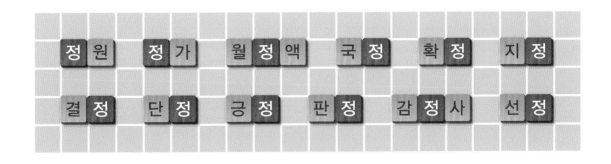

정원　정가　월정액　국정　확정　지정

결정　단정　긍정　판정　감정사　선정

씨글자
블록 맞추기
定
정할 정

정원
정가
정시
정기
정기적
부정기적
월정액
국정 교과서
확정
예정
기정
기정사실
미정
지정
지정석
제정
개정

① 공통으로 들어갈 한자를 따라 쓰세요.

확			定				원
측	월	액		검	고	시	기
긍			정할 정				시

② 어떤 낱말에 대한 설명인지 쓰세요.

1) 딱 잘라서 판단하고 결정함 ➡ ☐☐

2) 일정하게 정해진 시각 ➡ ☐☐

3) 확실하게 정함 ➡ ☐☐

4) 월별로 정해진 금액 ➡ ☐☐☐

5) 회의를 하기 위해 필요한 최소한의 사람 ➡ ☐☐☐

③ 알맞은 낱말을 찾아 문장을 완성하세요.

1) 이 자리는 할머니나 어린이가 앉는 노약자 ☐☐☐ 이야.

2) 다음에 타세요. ☐☐ 초과입니다.

3) 해남 옥천 고분군이 문화재로 ☐☐ 되었어.

4) 보석을 좋아해서 감정하는 보석 ☐☐☐ 가 될 거야.

5) 내가 마음먹고 목욕하러 가는 날은 꼭 ☐☐ 휴일이네.

4 문장에 어울리는 낱말을 골라 ○표 하세요.

1) 그녀는 암 말기 (판정 / 감정)을(를) 받았지만 희망을 잃지 않았어.

2) 그는 패배를 깨끗이 (지정 / 인정)했어.

3) 뭘 입을지 아직도 (결정 / 판정)하지 못했어.

4) 숙소에 도착해서 방을 (배정 / 인정)받고 식사를 하러 갔어.

5) 한 가지만 보고 그 사람을 나쁘다고 (제정 / 단정)지을 수는 없어.

5 빈칸에 공통으로 들어갈 알맞은 낱말을 쓰세요.

보석 ☐☐   골동품 ☐☐   ☐☐ 의뢰

☐☐

6 서로 어울리는 낱말을 연결하세요.

평화   몸무게   맞춤법   승패

판정   측정   협정   개정

| 측정 |
| 결정 |
| 결정적 |
| 단정 |
| 협정 |
| 인정 |
| 긍정 |
| 부정 |
| 정족수 |
| 무삭정 |
| 판정 |
| 감정 |
| 감정사 |
| 선정 |
| 검정 |
| 배정 |
| 검정고시 |

공기가 누르는 힘, 기압

기

압

불면 불수록 풍선 안의 **기압**이 높아져.

기압이 더 커지면 터지고 말지. 펑!

공기도 누를 수 있을까요? 그럼요, 누를 수 있어요. 그림에서처럼 풍선을 불면 불수록 풍선이 팽팽해져서 풍선의 겉은 터질 것처럼 부풀어 오르죠? 풍선 안에 갇힌 공기가 서로 누르고 있기 때문이에요. 이처럼 공기가 누르는 힘을 '공기 기(氣)'와 '누를 압(壓)' 자를 써서 기압이라고 해요.

압력과 공기에 관한 모든 것

기(氣)는 단어의 앞과 뒤에 붙어서 공기를 나타내고, 압(壓)은 단어의 앞과 뒤에 붙어서 사물을 누른다는 뜻을 나타내요.
공기가 누르는 힘이 세면 고기압, 낮으면 저기압이라고 해요.
기압은 수치로 나타낼 수 있는데, 기압이 같은 지점을 쭉 연결하여 일기도에 나타낸 건 등압선이에요.
액체든 고체든 뭐든지 누르는 힘은 압력이고,
눌러서 부피를 작게 만드는 것은 압축이지요.
이미 잘 알고 있는 공기는 사람과 동물이 숨을 쉴 때 필요한 기체예요. 기체는 산소와 질소처럼 일정한 모양이나 부피를 갖고 있지 않은 물체를 말하지요.

氣 공기 기	壓 누를 압
공기가(를) 누르는 힘	

■ **고기압**(高높을고 氣壓)
주위보다 기압이 높은 곳

■ **저기압**(低낮을저 氣壓)
주위보다 기압이 낮은 곳

■ **등압선**(等같을등 壓 線줄신)
기압의 일정한 지점을 연결한 선

■ **압력**(壓 力힘력)
밀거나 누르는 힘

■ **압축**(壓 縮줄일축)
압력을 가해 부피를 줄임

■ **공기**(空빌공 氣)
지구를 둘러싸고 있는 대기

■ **기체**(氣 體몸체)
산소와 질소처럼 일정한 모양 이나 부피가 없는 물체

그러면 지구를 둘러싸고 있는 기체인 공기를 다른 말로 뭐라고 할까요? 여기서 힌트! 지구를 둘러싸려면 어마어마하게 큰 공기가 있어야겠지요? 그래서 '큰 대(大)', '공기 기(氣)'! 대기라고 해요.

날씨와 관련된 낱말들

공기가 '따뜻하냐, 축축하냐, 춥냐, 건조하냐'에 영향을 받는 것은 바로 날씨예요. 그래서 날씨와 관련된 말에 기(氣) 자가 많이 쓰여요.

비, 구름, 바람, 온도들로 살펴보는 한 날의 날씨는 일기, 일기의 변화를 예측하여 미리 알리는 것은 일기 예보이지요. 날씨 상태를 그린 지도는 일기도인데 기온, 기압, 풍향, 풍속 등을 측정하여 표시하지요.

일기 예보를 미리 봤어야지.

힝~

태풍이 북상하여… 대기가 불안정하여… 폭우가… 어쩌구…

기온은 공기의 온도이고요. 기온이 같은 지점을 쭉 연결하여 이은 선은 등온선이라고 해요.

기온, 비, 눈, 바람 등의 대기 상태를 나타내는 것은 기후, 가로로 넓게 퍼져 있으면서 온도와 습도가 거의 같은 공기 덩어리를 기단이라고 해요.

우리나라 여름철에 영향을 주는 대표적인 기단은 북태평양 기단과 오호츠크해 기단이죠.

이러한 모든 대기의 현상, 즉 날씨는 기상이라고 하고요. 기상 상태를 관측하고 예보하는 일을 하는 관청은 기상청이지요.

■ **대기**(大큰 대 氣) = 공기
지구를 둘러싸고 있는 큰 기체 덩어리

■ **일기**(日날 일 氣날씨 기)
대기의 상태, 날씨

■ **일기 예보**

■ **일기도**(日氣圖그림 도)

■ **기온**(氣溫따뜻할 온)
공기의 온도

■ **등온선**(等같을 등 溫線)
기온이 같은 점들을 연결한 선

■ **기후**(氣候날씨 후)
기온, 비, 바람 등의 대기 상태

■ **기단**(氣團덩어리 단)
온도와 습도가 거의 같은 공기 덩어리

■ **북태평양 기단**
북태평양 부근의 아열대 고기압대에서 발달하는 고온 다습한 온난 기단

■ **오호츠크해 기단**
오호츠크해로부터 쿠릴 열도에 이르는 지역에서 발생하는 해양성 한랭 기단

■ **기상**(氣象모습 상)
대기의 상태

■ **기상청**(氣象廳관청 청)
기상을 미리 예측해 주는 관청

녹여서 액체를 만들면 용액

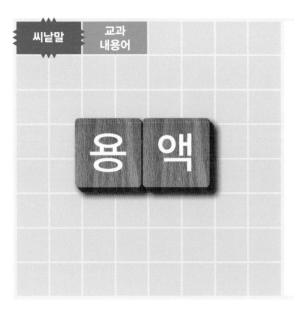

과연 설탕, 소금, 식초에 까나리 액젓을 넣어 섞은 것을 용액이라고 할 수 있을까요? 딩동댕! 용액이 맞아요. 용액은 무언가 한 가지라도 녹아 있는 액체를 말해요. 그러니까 정체불명의 복불복 액체도 용액이지요. 용액의 용은 '녹을 용(溶)'으로 '녹다, 질펀히 흐르다'는 뜻이 있어요. 액은 '액체 액(液)'으로 '즙'이라는 뜻이고요. 배즙이나 사과즙처럼 일정한 모양이 없는, 물 같은 종류를 말하죠.

녹일 때는 무조건 용(溶)!

지금부터 '녹일 용(溶)'을 써서 설탕물을 만들어 볼게요.
빈칸을 채우면서 함께 만들어 보아요. 먼저 물을 준비하고요. 이때

물은 녹도록 중매하는 물질이라 하여 용매라고 해요.
이제 설탕을 몇 숟가락 붓고 저어요. 이때 설탕은 물에 녹는 물질이라 질이라고 하지요. 설탕이 물에 완전히 녹아서 흩어져 버리는 것은 □해,

溶	液
녹을 용	액체 액
무언가가 녹아 있는 액체	

■ **용매**(溶 媒중매할 매)
녹이는 물질
[과학] 녹도록 중매하는 물질

■ **용질**(溶 質물질 질)
녹는 물질

■ **용해**(溶 解흩어질 해)
완전히 녹아서 흩어짐

■ **용해도**(溶 解 度정도 도)
용해된 정도
[과학] 일정한 온도에서 일정한 양의 용매에 녹을 수 있는 용질의 최대 양

■ **포화**(飽가득찰 포 和화할 화 溶 液)용액
[과학] 어떤 온도에서 용매에 용질을 녹일 수 있을 만큼 녹여 더 이상 녹일 수 없는 상태의 용액

일정한 온도에서 일정한 양의 용매에 녹을 수 있는 용질의 최대 양은 □해도라고 하지요. 이렇게 다 녹인 것이 바로 용액이에요!
어떤 온도에서 용매에 용질을 녹일 수 있을 만큼 녹여 더 이상 녹일 수 없는 상태의 용액은 포화 □액이라고 해요.

액체와 관련된 말, 말, 말!

액(液)은 액체를 나타내는 낱말에 쓰여요. 액체는 물이나 기름처럼 부피는 있지만 일정한 모양 없이 흐르는 물질이에요.

공기가 액체로 변하거나, 또는 얼음이 녹아서 액체로 변하는 것은 액화라고 해요. 액체를 끓였을 때 수증기처럼 변하는 것은 기체로 변한다 하여 기화라고 하고요.

생물의 몸 안에서 생겨나는 액체는 진액이라고 해요. 식물인 알로에 같은 것을 짜거나 갈아서 진액으로 먹지요? 알로에의 단면을 가르거나 껍질을 벗기면 끈적끈적한 성질의 액체 같은 것이 나오는데, 이런 끈끈한 성질이 있는 액체를 점액이라고 해요.

100% 식초처럼 물 같은 것을 넣어 묽게 하지 않은 원래의 액체는 원액이라고 해요. 식초를 물에 탔을 때 식초가 들어간 정도, 즉 진한 정도는 농도이지요. 농도를 나타내는 수치는 농도 지수예요.

농도가 높아지도록 진하게 바짝 졸인 액체는 농축액이고요. 진하게 달인 홍삼 농축액, 양파 농축액 같은 것 말이에요.

식초를 탄 물처럼 어떤 용질을 물이라는 용매에 녹인 액체는 '물 수(水)'를 써서 수용액이라고 해요. 이때 물에 녹는 성질은 수용성, 기름에 녹는 성질은 지용성이라고 해요.

액체(液 體몸 체)
물이나 기름처럼 부피는 변화가 없고, 모양 없이 흐르는 물질

액화(液 化될 화)
액체로 변함

기화(氣공기 기 化)
기체로 변함

진액(津진액 진 液)
생물의 몸 안에서 생겨나는 액체

점액(粘붙을 점 液)
끈끈한 성질이 있는 액체

원액(原근원 원 額)
가공하거나 물 등을 넣어 묽게 하지 않은 원래의 액체

농도(濃짙을 농 度)
진한 정도

농도 지수
농도를 나타내는 수치

농축액(濃 縮줄일 축 液)
진하게 바짝 졸인 액체

수용액(水물 수 溶 液)
용매가 물인 용액

수용성(水溶 性성질 성)
물에 녹는 성질

지용성(脂기름 지 溶 性)
기름에 녹는 성질

용매 용해 액화 진 원 지
액 질 체 점액 농축액 수용성
성

씨낱말
블록 맞추기

기 압

1 공통으로 들어갈 낱말을 쓰세요.

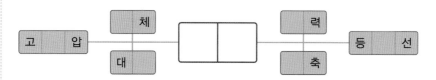

2 주어진 낱말을 넣어 문장을 완성하세요.

1) 일 / 기 압
　　□□ 예보를 보니, 오늘은 비가 많이 내린다고 한다.
　　일기는 비, 구름, 온도, □□ (공기의 압력)으로 살펴보는 한 날의 날씨를 말한다.

2)
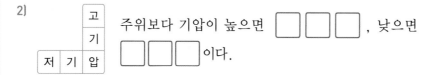
주위보다 기압이 높으면 □□□ , 낮으면 □□□ 이다.

3) 기 온 / 후
아직 봄인데도 □□ 이 높아서 벌써 여름 날씨 같다.
요즘 우리나라 □□ 가 변덕스러워진 까닭이다.

4) 등 압 선 / 온 / 선
기압이 같은 지점을 연결하여 일기도에 나타낸 것은 □□□ 이고, 기온이 같은 지점을 연결한 것은 □□□ 이다.

3 문장에 어울리는 낱말을 골라 ○표 하세요.

1) 파일 용량이 너무 크니까 (압력 / 압축)해서 보낼게.
2) 모든 공기의 현상, 즉 일기(날씨) 현상을 (대기 / 기상)이라고 해요.
3) 북태평양 (기단 / 기압)과 오호츠크해 기단이 만나면 우리나라에 장마가 시작돼요.
4) 가끔 (기상청 / 기후)의 일기 예보가 틀릴 때도 있어.

기압
고기압
저기압
등압선
압력
압축
공기
기체
대기
공기
일기
일기 예보
일기도
기온
등온선
기후
기단
북태평양 기단
오호츠크해 기단
기상
기상청

씨낱말
블록 맞추기

용 액

1 공통으로 들어갈 낱말을 쓰세요.

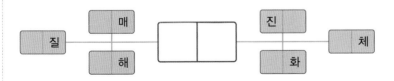

2 주어진 낱말을 넣어 문장을 완성하세요.

1)
용	액
	체

☐☐ 은 무언가가 한 가지라도 녹아 있는 액체이고,

☐☐ 는 물처럼 일정한 모양이 없는 물질의 상태다.

2)
	기
액	화

드라이아이스가 연기처럼 날아가 버리면 ☐☐,

얼음이 녹아 물처럼 변하면 ☐☐ 라고 한다.

3)
		지
		용
수	용	성

기름에 녹는 성질은 ☐☐☐,

물에 녹는 성질은 ☐☐☐ 이라고 한다.

3 문장에 어울리는 낱말을 골라 ○표 하세요.

1) 식초를 물에 타서 드셔야지 (원액 / 점액) 그대로 드시면 어떡해요?

2) 식초를 물에 탔을 때 진한 정도를 (농도 / 농축액)(이)라고 해요.

3) 어떤 온도에서 용매에 용질을 녹일 수 있을 만큼 녹여 더 이상 녹일 수 없는 상태의 용액은 (수용액 / 포화 용액)이라고 해요.

4 예문에 알맞은 낱말을 빈칸에 쓰세요. [과학]

다른 물질에 녹는 물질을 ☐☐, 다른 물질을 녹이는 물질은
☐☐ 라고 합니다.
용질이 용매에 골고루 섞여 있는 것을 ☐☐ (이)라고 합니다.

용액
용매
용질
용해
용해도
포화 용액
액체
액화
기화
지액
전액
원액
농도
농도 지수
농축액
수용액
수용성
지용성

씨낱말 / 교과 내용어

땅에 관한 모든 것, 지리와 지도!

엄마, 민혁이가 **지도**를 그렸어요!

요놈. 세계적인 **지리**학자가 되려나 보다.

우리는 땅 위에서 살고, 땅 위를 걷고, 땅에 난 길로 운전하며 땅을 여행해요. 이러한 땅에 관한 모든 사정, 즉 땅의 이치가 지리예요. 지리를 공부하는 데 반드시 필요한 것이 있어요. 뭘까요? 맞아요. 정답은 바로 지도예요. 지도는 '땅 지(地)', '그림 도(圖)'가 합쳐진 말 그대로 땅의 생김새를 그림으로 나타낸 거예요.

지리(地理) 시간에 만나는 지도(地圖)

땅과 관련된 말에는 '땅 지(地)'를 지도와 관련된 말은 '그림 도(圖)'를 써서 나타내요.

우리나라의 지리는 한국 지리, 세계의 지리는 세계 지리예요.

땅은 어떤 곳은 높고, 어떤 곳은 낮고, 어떤 곳은 편평해요. 이렇게 땅의 생긴 모양을 지형이라고 해요.

마을, 길, 논밭 같은 지형을 자세하게 그려놓은 지도는 지형도고요, 이제 빈칸을 채우면서 다양한 지도에 대해 알아볼까요?

그림을 이용해 알아보기 쉽게 만든 지도는 그림지☐,

자동차 같은 탈것이 오가는 길을 그림으로 그린 지도는 교통☐,

관광객을 안내하는 내용을 그린 지도는 관광 안내☐예요.

地 땅 지	理 이치 리
땅의 이치	

■ **지도**(地 圖그림 도)
땅이 생긴새를 그림으로 나니낸 것

■ **한국**(韓한국 한 國나라 국) **지리**
대한민국의 지리

■ **세계**(世세상 세 界경계 계) **지리**
세계의 지리

■ **지형**(地 形모양 형)
땅의 모양

■ **지형도**(地形圖)
지형을 자세하게 그린 지도

■ **그림지도**
그림을 이용해 알아보기 쉽게 만든 지도

■ **교통도**(交오가다교 通통할통 圖)
탈 것이 오가는 길을 그림으로 그린 지도

세계를 두루 그린 지도는 세계 지◻이고, 땅의 경계만 간단히 나타
내어 필요한 내용을 그려 넣을 수 있는 지도는 백지도라고 하지요.
지도는 입체냐 평면이냐에 따라 높낮이가 있는 입체 지도,
평면으로 그린 평면 지도로 나눌 수 있어요.

지리, 지도와 관련된 낱말들

지도는 보이는 것을 다 그려
넣을 수 없어서 여러 가지 기호로
간단하고 알기 쉽게 나타내요.
지도를 그릴 때 실제보다 줄여
그린 비율은 축적이라 하고,
방향과 위치, 그러니까 동서남북을
나타내는 건 방위예요.

땅의 높낮이가 같은 곳을 이어서 선으로 표시한 건 등고선이고요.
어떠한 땅과 환경에 대한 정보를 지리 정보라고 하는데, 얼마 전까
지만 해도 비행기를 타고 항공 사진을 찍어 지리 정보를 얻었어요.
요즘에는 인공위성을 통해 정보를 보내와요.
이렇게 지리 정보가 변화하는 모양을 시간 별로 모아서 시스템으로
만든 것을 지리 정보 시스템(GIS)이라고 하지요.
풍수지리는 '바람 풍(風)', '물 수(水)', '땅 지(地)', '이치 리(理)'를 써요.
집이나 무덤 같은 것의 위치나 땅 모양이 사람에게 복을 가져 오거
나 화를 불러온다는 이론으로 장소를 구하는 것이지요.

관광 안내도
관광객을 안내하는 내용을 그린 지도

세계 지도(世界地圖)
세계를 두루 그린 지도

백지도(白꾸밈없을 백 地圖)
필요한 내용을 그려 넣을 수 있는 땅 모양만 그린 지도

입체(立설 입 體몸 체) 지도

평면(平평평할 편 面얼굴 면) 지도

축척(縮줄일 축 尺자 척)
지도를 그릴 때 실제보다 줄여 그린 비율

방위(方방향 방 位위치 위)
방향과 위치, 동서남북

등고선(等같을 등 高높을 고 線)
땅의 높낮이가 같은 점들을 연결한 선

지리 정보(情사정 정 報알릴 보)
어떠한 땅과 환경에 관한 정보

지리 정보 시스템(GIS)

풍수(風바람 풍 水물 수)지리
지형이나 방위를 길흉화복과 연결해 장소를 구하는 것

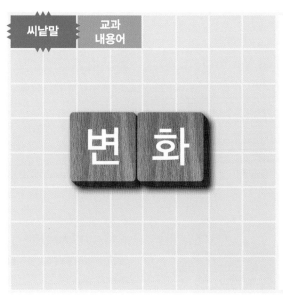

씨낱말 · 교과 내용어

변화, 변신술의 대가

와~ 우리 딸이 완전히 **변화**되었네!

🈂️동네 목욕탕

모습이 변하든 성격이 변하든, 변해서 무엇이 되는 것을 변화라고 해요. 말 그대로 '변할 변(變)' 자를 써서 변화를 나타내요. 그런데 여기서 '될 화(化)' 자가 특이해요. 화(化) 자가 붙으면 뭐든지 상태가 막 변하거든요. 화(化) 자야말로 변신술의 대가라고 할 수 있어요. 이제 변(變)과 화(化)가 들어간 낱말들을 살펴볼게요.

변화하고 달라지는 변(變)

세상의 많은 것은 바뀔 수 있어요. 주로 전과 달라진 것을 나타내는 낱말에 변(變) 자를 붙여요. 빈칸을 채워 변하는 말들을 살펴볼까요?

몸을 변화시키는 것은 ☐신,

변신하는 기술은 ☐신술이에요.

누구인지 못 알아보게 모습을 바꾸어 꾸미는 것은 ☐장이지요.

이렇게 모습이 변하는 것은 ☐모,

본래의 성질이 변하는 것은 ☐질,

규칙이 변하거나 규칙에서 벗어난 것은 ☐칙이에요.

절개나 지조가 변하는 것은 ☐절이라고 해요. 나라를 배신하거나 사랑하는 사람을 버리고 다른 사람에게 갈 때 변절했다고 하지요.

變 변할 변	化 될 화
변해서 무엇이 됨	

■ **변신**(變 身몸신)
몸을 변화시키는 것

■ **변신술**(變 身 術꾀술)
변신하는 기술

■ **변장**(變 裝감출 장)
알아볼 수 없게 모습을 바꿈

■ **변모**(變 貌모습 모)
모습이 변함

■ **변질**(變 質바탕 질)
본래의 성질이 변함

■ **변칙**(變 則규칙 칙)
규칙이 변하거나 규칙에서 벗어남

■ **변절**(變 節절개 절)
절개나 지조가 변함

118

뭐가 되어야 할 것 같은 화(化)

'될 화(化)'는 주로 낱말의 뒤에 붙어서 어떤 방향으로 되는 것을 나타내요. 이해하기 쉬운 말을 골라 볼게요.

사막화는 멀쩡하던 땅이 사막처럼 메마른 땅이 되는 것이죠.

도시화는 도시로 변하거나 생활 방식이 도시적으로 바뀐다는 말이에요.

어때요? 쉽지요? 이제 조금 어려운 말을 다뤄 볼게요.

획일화(劃一化)는 줄 하나 그은 것처럼 개성이 없이 모두 똑같게 된다는 말이에요.

가난한 사람은 점점 더 가난해지고, 부자는 점점 더 부유해지는 것처럼, 서로 다른 계층 또는 집단이 점점 너 달라지고 멀어지는 것은 양극화니고 해요.

반대로 수준이 서로 차이 나지 않고 고르게 되는 것은 평준화이지요.

정보와 지식이 사회 전 분야에 중요한 가치가 되는 것은 정보화,

세계 여러 나라를 이해하고 받아들이는 것은 세계화예요.

세계화에 반대하면 반세계화고요.

가까운 미래에는 자동으로 운선하는 차가 출시된내요.

이렇게 스스로 움직이거나 작동하는 것을 자동화라고 해요. 사람 없이 자동으로 되는 것은 무인 자동화라고 하지요.

아직까지는 사람이 직접 하는 부분이 많지만, 미래에는 영화에서처럼 모든 것이 자동화될지도 몰라요.

완벽한 **자동화**로군.

■ **사막화**(沙모래 사 漠사막 막 化)
사막처럼 메마른 땅이 되는 것

■ **도시화**(都도읍 도 市도시 시 化)
도시가 아닌 곳이 도시처럼 바뀌거나 도시처럼 생활하게 됨

■ **획일화**(劃그을 획 一한 일 化)
개성이 없이 모두 똑같게 됨

■ **양극화**(兩두 양 極끝 극 化)
서로 다른 계층 또는 집단이 점점 더 달라지고 멀어짐

■ **평준화**(平평평할 평 準고를 준 化)
수준이 차이 나지 않게 고르게 됨

■ **정보화**(情사정 정 報알릴 보 化)
지식과 자료를 정보로 만들어 가치를 높임

■ **세계화**(世세상 세 界경계 계 化)
세계 여러 나라를 이해하고 받아들임

■ **반세계화**(反반대 반 世界化)
세계화에 반대함

■ **자동화**
(自스스로 자 動움직일 동 化)
스스로 움직이거나 작동하게 됨

■ **무인 자동화**(無없을 무 人사람 인 自動化)
사람 없이 자동으로 되는 것

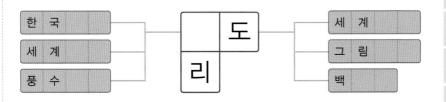

씨낱말
블록 맞추기

지 도
리

① 공통으로 들어갈 낱말을 쓰세요.

한 국				세 계
세 계	→	도	←	그 림
풍 수		리		백

② 주어진 낱말을 넣어 문장을 완성하세요.

1) 지 도 / 리

땅의 이치, 땅에 관한 모든 사정은 ☐☐,

땅의 생김새를 그림으로 나타낸 것은 ☐☐ 이다.

2) 지 / 형 / 그 림 지 도

지형을 자세히 그려 놓은 지도는 ☐☐☐,

땅의 모습을 기호를 이용하여 그림으로 알기 쉽게

나타낸 것은 ☐☐☐☐ 이다.

③ 문장에 어울리는 낱말을 골라 ○표 하세요.

1) 땅의 생긴 모양은 (지도 / 지형)이라고 해.

2) 땅의 높낮이가 같은 곳을 이어서 선으로 표시한 것은 (방위 / 등고선)이야.

3) 우리가 평소에 보는 종이로 된 지도는 (평면 지도 / 입체 지도)야.

④ 예문에 알맞은 낱말을 빈칸에 쓰세요. [사회]

> 지도는 실제보다 줄여 그릴 수밖에 없는데, 지도를 그릴 때 줄여 그린
> 비율을 ☐☐ 이라고 합니다. 지도에는 동서남북을 표시하는데,
> 이것은 ☐☐ 라고 합니다.

지리

지도

한국 지리

세계 지리

지형

지형도

그림지도

교통도

관광 안내도

세계 지도

백지도

입체 지도

평면 지도

축척

방위

등고선

지리 정보

지리 정보
시스템(GIS)

풍수지리

1 공통으로 들어갈 낱말을 쓰세요.

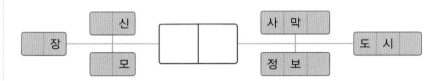

2 주어진 낱말을 넣어 문장을 완성하세요.

1)
| 변 | 화 |
| 신 | |

못생긴 개구리가 멋있는 왕자로 ☐☐ 하자, 공주는 그의 ☐☐ 된 모습에 놀라움을 감추지 못했다.

2)
	세
	계
반	세	계	화

강대국 중심으로 ☐☐☐ 가 계속해서 진행 된다면 ☐☐☐☐ 운동이 더욱 거세질 것이다.

3)
	양
	극
평	준	화

가난한 사람은 점점 더 가난해지고, 부자는 선선 더 부유해지는 현상은 ☐☐☐ 이고, 빈대로 수준이 서로 고르게 되는 것은 ☐☐☐ 이다.

3 문장에 어울리는 낱말을 골라 ○표 하세요.

1) 교복이 학생들의 개성을 빼앗아 (획일화 / 양극화)시킨다는 지적도 있어.

2) (정보화 / 자동화)시대에는 올바른 정보를 분별하는 것이 정말 중요한 것 같아.

3) 그가 조국을 배신하고 (변절 / 변신)했다는 것은 사실과 다르다.

4) 이번 축제 때 강아지로 (변칙 / 변장)한 나를 아무도 못 알아 봤어.

5) 아프리카의 많은 땅이 가뭄으로 (사막화 / 도시화)가 되고 있어.

| 변화 |
| 변신 |
| 변신술 |
| 변장 |
| 변모 |
| 변질 |
| 변칙 |
| 변절 |
| 사막화 |
| 도시화 |
| 획일화 |
| 양극화 |
| 평준화 |
| 정보화 |
| 세계화 |
| 반세계화 |
| 자동화 |
| 무인 자동화 |

지배하는 힘, 권력

권 력

> 높은 관료들이 **권력**을 휘둘러 백성들이 굶주리는구나.

> 서로 **권력**을 가지려고 다투니 나라꼴이 원. 쯔쯔

역사책을 읽다 보면, 권력에 관한 이야기가 수도 없이 나와요. 권력은 도대체 무엇일까요? 권력은 '권력 권(權)'과 '힘 력(力)'이 합쳐진 말로 남을 다스릴 수 있는 권리와 힘이라는 뜻이에요. 이제 권력과 관련한 낱말들을 더 알아볼까요.

권력을 가지고 다스리는 통치

현대에는 국민들이 대표자를 뽑고 법과 국민의 뜻에 의해 나라를 다스리지만, 과거에는 왕과 같은 권력자 한 사람 혹은 귀족 등이 권세를 가지고 있었어요. 권세는 권력과 세력이라는 말이에요.

세력은 힘을 가지는 집단이고요. 이렇게 권력을 가진 사람들이 나라나 지역을 도맡아 다스리는 것은 통치, 나라를 다스리는 방법과 모양은 통치 형태라고 하지요.

그럼 통치 형태에 따른 말들을 살펴볼까요?

1910년, 일본은 우리나라를 무단 통치하기 시작했어요.

무단은 힘으로 억누른다는 뜻이에요. 독립 운동이 거세지자 일본은 민족 분열 통치를 앞세워 우리 민족의 문화와 관습을 존중한다는 점을 내세우며 민족을 분열시키는 정책을 펼쳤어요.

權	力
권력 권	힘 력

남을 다스릴 수 있는 권리와 힘

■ **권세**(權 勢·기세 세)
권력과 세력

■ **세력**(勢力)
힘을 가진 무리

■ **통치**(統거느릴 통 治다스릴 치)

■ **통치 형태**

■ **무단**(武군인 무 斷끊을 단)

■ **무단 통치**(武斷統治)
무력으로 밀어붙이는 정치

■ **민족 분열 통치**
민족의 문화와 관습을 존중함을 내세워 민족을 분열시켰던 정책

■ **화랑도**
신라 시대 문벌과 학식, 외모가 단정한 사람을 모아 만든 화랑의 무리

꼬리에 꼬리를 무는 권력

실제로 역사는 권력자들이 어떻게 바뀌어 왔나의 기록이라 해도 과언이 아니에요. 꽃 같은(花) 사내들의(郎) 무리(徒)라는 뜻의 화랑도는 삼국을 통일하는 전쟁에서 큰 공을 세워 통일 신라 시대의 권력층으로 성장한 세력이에요.

그러다 통일 신라 말, 지방에서 엄청난 재산과 세력을 키운 정치 세력인 호족이 등장하지요.

고려를 세운 일부 호족은 왕실과 결혼해 문벌 귀족이 되어 더 큰 힘을 갖게 되었지요. 문벌은 대대로 내려오는 한 집안의 지위와 신분을 말해요.

당시에 무신에 대한 차별이 심해지자 이에 분노한 무신들이 난을 일으켜 권력을 잡는데, 이러한 무신 정권이 100년간이나 이어졌지요.

고려 말에는 원나라를 등에 업은 사람들이 새로운 지배 세력인 권문세족으로 등장해요.

이렇게 고려의 정치가 부패하고 혼란해지자, 과거 시험을 통해 등장한 젊은 선비들인 신진 사대부가 나서서 개혁을 부르짖었어요.

신흥 무인 세력은 고려 말에 홍건적과 왜구의 침입을 물리치면서 새롭게 등장한 이성계, 최무선, 박위 등의 군인 세력을 말해요.

조선 후기에는 임금의 친척이나 신하가 권력을 잡고 나랏일을 좌지우지하는 세도 정치가 극성을 부렸어요. 세도는 정치상의 권세를 말하지요.

호족(豪호걸호 族일가족)
지방에 있으면서 재산이 많고 세력이 큰 집안

문벌(門집안문 閥가문벌)
대대로 내려오는 한 집안의 지위와 신분

문벌 귀족
왕실과 결혼한 귀족 가문

무신 정권
군인들이 권력을 잡고 나라를 다스림

권문세족
고려 말, 원을 등에 업은 새로운 지배 세력

신진 사대부
고려 말, 과거 시험을 통해 등장한 선비들의 새로운 정치 세력

신흥 무인 세력
고려 말, 홍건적과 왜구의 침입을 물리치면서 새롭게 등상한 무인 세력

세도(勢형세세 道이끌도)
정치상의 권세

세도 정치
임금의 친척이나 신하가 권력을 잡고 나랏일을 자기 마음대로 하는 정치

여러 가지 법률과 명령, 법령!

모든 사람은 평등하다. 지금부터 노예 제도를 금지하는 **법령**을 선포하노라!

폐하 만세   만세

법령은 '법 법(法)'과 '내릴 령(令)'이 합쳐진 말로 법률과 명령을 이르는 말이에요. 법률은 사회생활을 유지하기 위해 만들어 놓은 강제적인 규범을 말해요. 명령은 어떤 일을 하라고 시키는 거고요. 이 법률과 명령 두 가지를 모두 합쳐서 법령이라고 불러요. 그럼 법령에는 어떤 것들이 있는지 알아볼까요?

역사 속의 법(法)과 령(令)

법(法)은 나라를 다스리려고 미리 정해 놓은 여러 가지 규칙을 말해요. 그러니까 '법'이라는 말이 붙으면 법률을 의미하지요.

- 살인자는 사형에 처한다.
- 남의 신체를 상해한 자는 곡물로써 보상한다.
- 남의 물을 도둑질한 자는 노예가 되거나 50만 전을 내 놓아야 한다.

8조법은 고조선의 8개 조항으로 된 법이에요.

'가지 조(條)'는 법이나 문서 같은 것의 가지, 즉 조목을 의미해요. 조목은 가지처럼 갈라진 항목을 말하고요.

훈요 10조는 고려 태조가 자식들에게 모범이 되고자 남긴 10가지 가르침이에요.

法	令
법 법	내릴 령

법률과 명령

■ **법률**(法 律법률 률)
시회생활을 유지하기 위해 만들어 놓은 강제적인 규범

■ **명령**(命명령할 명 令)

■ **8조법**(八 여덟 팔 條가지 조 法)
고조선의 8개 조항으로 된 법률

■ **조목**(條 目 항목 목)
가지처럼 갈라진 항목

■ **훈요 10조**
고려 태조가 자식들에게 모범이 되고자 남긴 10가지 가르침

■ **홍범 14조**
조선 시대 고종이 1895년 반포한 우리나라 최초의 근대적 헌법

홍범 14조는 고종이 발표한 우리나라 최초의 근대적 헌법이죠.
자주독립, 내정 간섭 불가, 공평한 인재 등용 등의 조항이 있어요.
그럼 역사 속 법(法)에 대해 좀 더 알아볼까요?
호패법은 조선 시대에 16세 이상의 남자에게 호패(주민등록증)를
가지고 다니게 하던 제도예요. 인구를 파악해 세금을 매기고 군역
을 부과하기 위해 실시했죠.
호포법은 신분에 관계없이 양반도 군포(베)를 내게 한 세금 제도고요.
노비안검법은 고려 광종 때 강제로 노비가 된 자들을 풀어 준 법이지요.
나라에서 내리는 법과 법령은 율령이라고도 해요. 뒤에 법을 붙이기
도 하지만 단발령처럼 령(令)을 붙이기도 하지요. 단발령은 고종이
남자들에게 상투를 없애고 머리를 짧게 자르라 내린 명령이에요.

방법을 나타내는 법(法)!

공부하는 법, 노는 법, 예뻐지는 법 등에 쓰이는 법(法)은 나라의
중대한 법 말고, 어떤 일을 하는 방법이라는 의미를 가져요.
방법은 어떤 일을 해 나가는 수단이나 방식을 말하지요.
그럼 농사하는 방법인 농사법 몇 가지 소개해 볼까요?
골뿌림법은 밭에 골(고랑)을 내어 씨를 뿌리는 농사법이에요.
잡초 뽑기가 좋고, 수확량이 좋은 방법으로 견종법이라고도 해요.
직파법은 볍씨를 논에 직접 뿌리는 방법인데, 어린 모가 보호가 안
되고 잡초 뽑기도 힘들었지요. 그래서 어린 모를 따로 키운 후 논에
옮겨 심는 이앙법이 나왔어요. 모내기법이라고도 하지요. 튼튼한
모만 골라 심어서 수확량을 늘게 한 획기적인 방법이었죠.

■ **호패법**(號이름 호 牌명찰 패 法)
조선 시대 16세 이상 남자에게
호패를 갖고 다니게 하던 제도
■ **호포법**(戶집 호 布베 포 法)
신분에 관계없이 양반도 군포
(베)를 내게 한 세금 제도
■ **노비안검법**
고려 광종 때 강제로 노비가 된
자들을 풀어 준 법
■ **율령**(律令)
나라의 법과 명령을 이르는 말
■ **단발령**(斷끊을 단 髮터럭 발 令)
조선 고종 때 상투를 없애고 머
리를 짧게 지르라고 한 명령
■ **방법**(方방법 방 法)
어떤 일을 해 나가는 수단이나
방식
■ **농사법**(農농사 농 事일 사 法)
■ **견종법**(畎밭도랑 견 種씨앗 종 法)
– **골뿌림법**
밭에 고랑을 내어 씨를 뿌리는
농사법
■ **직파법**(直바로 직 播뿌릴 파 法)
볍씨를 논에 직접 뿌리는 방법
■ **이앙법**(移옮길 이 秧모 앙 法)
= **모내기법**
어린 모를 따로 키운 후 논에 옮
겨 심는 방법

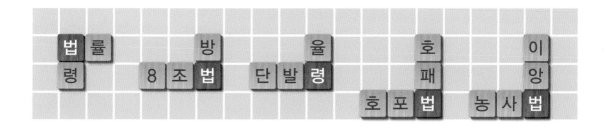

1 [보기]의 낱말과 관련이 있으며, 남을 다스리는 권리와 힘을 뜻하는 낱말을 쓰세요.

보기 | 호 족 | 무 신 정 권
문 벌 귀 족 | 권 문 세 족

☐☐

2 주어진 낱말을 넣어 문장을 완성하세요.

1) 권 / 세 력
남을 다스릴 수 있는 권리와 힘은 ☐☐, 이러한 힘을 가지는 무리는 ☐☐ 이라고 한다.

2) 무 단 통 치 / 민 족 분 열 통 치
일본은 처음에 우리나라를 무력으로만 밀어붙여 ☐☐ ☐☐ 를 했고, 이후 우리 민족을 존중하는 척하며 민족을 분열시키는 ☐☐☐☐☐☐ 정책을 펼쳤다.

3 문장에 어울리는 낱말을 골라 ○표 하세요.

1) 통일 신라 말기 지방에서 성장한 (권문세족 / 호족)들이 고려를 세웠어.
2) 고려 시대 무신의 난을 일으켜 잡은 정권은 (세도 정치 / 무신 정권)!
3) 임금의 친척이나 신하가 권력을 잡고 나랏일을 자기 마음대로 하는 것을 (권문세족 / 세도 정치)라고 해.

4 예문에 어울리는 낱말을 빈칸에 쓰세요. [사회]

고려 말, 과거 시험을 통해 새롭게 벼슬에 나온 선비들이 개혁을 부르짖으며 새로운 세상을 꿈꾸었다. 이들이 ☐☐ ☐☐☐ 였다. 이들은 원과 권문세족에 반대하고, ☐☐ ☐☐ 세력과 결합해 고려를 무너뜨리고 조선을 건국하였다.

권력 / 권세 / 세력 / 통치 / 통치 형태 / 무단 / 무단 통치 / 민족 분열 통치 / 화랑도 / 호족 / 문벌 / 문벌 귀족 / 무신 정권 / 권문세족 / 신진 사대부 / 신흥 무인 세력 / 세도 / 세도 정치

126

씨낱말
블록 맞추기

법 령

1 공통으로 들어갈 낱말을 쓰세요.

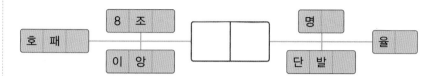

	8 조					명	
호 패							율
	이 앙					단 발	

---

2 주어진 낱말을 넣어 문장을 완성하세요.

1) 8 조 법 / 목

고조선이 8개 사항으로 된 법률은 ☐☐☐ , 가지처럼 갈라진 항목들은 ☐☐ 이라고 한다.

2) 명 / 법 령

☐☐ 이 어떤 일을 하라고 시키는 것이라면, ☐☐은 법률과 명령을 모두 일컫는 말이라고 할 수 있다.

3) 단 / 발 / 율 령

나라의 법과 명령을 모두 이르는 말은 ☐☐이다. ☐☐☐ 은 고종이 남자들에게 상투를 없애고 머리를 짧게 자르라고 한 명령을 말한다.

---

3 문장에 어울리는 낱말을 골라 ○표 하세요.

1) (훈요 10조 / 홍범 14조)는 고려 태조가 자식들에게 귀감이 되고자 남긴 10가지 가르침을 말해요.

2) (호포법/ 호패법)은 조선 시대에 16세 이상의 남자에게 호패를 가지고 다니게 하던 제도예요.

3) 고려 광종 때 강제로 노비가 된 자들을 풀어 준 법은 (노비안검법 / 8조법)이야.

4) 어떤 일을 해 나가는 수단이나 방식은 (법령 / 방법)이에요.

법령

법률

명령

8조법

조목

훈요 10조

홍범 14조

호패법

호포법

노비안검법

율령

단발령

방법

농사법

견종법

골뿌림법

직파법

이앙법

모내기법

위의 그림에서와 같이 통계표를 그림으로 나타낸 것을 도표라고 해요. 여러분이 잘 알고 있는 도형은 어떤 생김새나 상태를 그림으로 나타낸 것이지요. 이 두 가지 말에는 모두 '그림 도(圖)' 자가 들어가요. 글자가 아닌 그림으로 이루어졌기 때문이지요. 그림으로 나타내면 아무리 복잡한 자료라도 한눈에 알아보기 쉽기도요.

자료를 나타내는 그림, 그래프(graph)

도표는 그래프라고도 해요. 특히 수학 시간에 많이 들어 봤죠?
그래프는 자료를 점, 직선, 곡선, 막대, 그림 등을 사용하여 나타낸 것이에요.
그 모양과 특징도 다양한 그래프들을 알아볼까요.
막대그래프는 길이가 다른 막대를 써서 수량을 나타낸 그래프예요.
조사한 자료의 수량의 많고 적음을 한눈에 볼 수 있어요.
꺾은선 그래프는 수량을 점으로 찍고 그 점들을 이은 그래프에요.
수량이 변화하는 모양과 정도를 쉽게 알 수 있고, 조사하지 않은 중간 값도 예상할 수 있지요.
그림그래프는 조사한 수량을 간단히 그림으로 나타낸 그래프고요.

圖	表
그림 도	표 표

통계표를 그림으로 나타낸 것

■ **도형**(圖 그림 도 形 모양 형)
어떤 생김새나 상태를 그림으로 나타낸 것
■ **그래프**(graph)
자료를 점, 직선, 곡선, 막대, 그림 등을 사용하여 나타낸 것
■ **막대그래프**
길이가 다른 막대를 써서 수량을 나타낸 그래프
■ **꺾은선 그래프**
수량을 점으로 찍고 그 점들을 꺾은선으로 연결한 그래프
■ **그림그래프**
조사한 수량을 간단히 그림으로 나타낸 그래프

원그래프는 전체에 대한 부분의 비율을 원에 나타난 그래프이지요.

띠그래프는 전체를 가느다란 직사각형의 띠로 나타내고 각 항목의 구성 비율을 보여 주어요.

원그래프, 띠그래프처럼 전체에 대해 각 항목이 차지하는 비율을 백분율로 나타낸 그래프를 비율 그래프라고 해요.

여러 가지 표(表)!

표는 한자로 '겉 표(表)' 자를 써요. 어떤 내용을 겉으로 보기 쉽게 정해진 방식으로 나타낸 것을 말하지요.

시간에 따라 할 일을 정리해 표로 만든 것은 시간표라고 하잖아요.

그날 해야 할 일을 표로 만든 것은 일정표 또는 일과표라고 해요.

화학 원소 기호를 표로 만들어 정리한 것은 원소 기호표예요.

제공된 자료를 크기나 어떤 속성에 따라 몇 개의 범위로 나눈 뒤, 각 범위에 속한 자료의 개수를 조사해 정리한 표는 도수 분포표라고 해요. 자료를 표로 정리할 때 가장 많이 사용하는 방법이지요.

곱셈표는 가로와 세로의 수를 곱하여 그 곱을 가로와 세로가 만나는 칸에 써넣은 표를 말해요. 대응표는 여럿이 서로 일정하게 짝을 이루는 여러 경우를 나타낸 표예요.

또 한국사에서 주로 볼 수 있는 연표는 옛일을 시간의 순서에 따라 연대별로 정리한 표로, 연대표라고도 하지요.

원그래프
전체에 대한 부분의 비율을 원에 나타낸 그래프

띠그래프
전체를 가느다란 직사각형의 띠로 나타내고 각 항목의 구성 비율을 보여 주는 그래프

비율 그래프
전체에 대해 각 항목이 차지하는 비율을 백분율로 나타낸 그래프

표(表 겉 표)

시간표(時 때 시 間 사이 간 表)
시간늘 정해 놓은 표

일정표(日 날 일 程 단위정 表)
그날 해야 할 일을 표로 만든 표

원소 기호표
화학 원소 기호를 정리한 표

도수 분포표
각 항목의 수나 변화하는 수량의 분포 상태를 나타내는 도표

곱셈표
곱셈을 나타낸 표

대응표(對 대답할 대 應 응할 응 表)
여럿이 서로 일정하게 짝을 이루는 여러 경우를 나타낸 표

연표(年 해 년 表)
연대별로 정리한 표

미술사와 관련된 말들

미술사는 미술의 변천 과정을 쓴 역사를 말해요. 그것을 연구하는 학문도 미술사라고 하지요. 15세기 이후 르네상스부터 현대 미술까지 미술의 역사가 어떻게 변화했는지 살펴볼까요?

15~19세기, 르네상스부터 표현주의까지

15세기 이탈리아와 16세기 유럽 전 지역에 유행한 문화 운동인 르네상스는 '다시 태어났다'는 뜻을 갖고 있어요. 과거의 신 중심의 사상에서 벗어나 자연과 인간 중심의 아름다움을 추구한 미술 경향이지요.

18세기 말에는 주관적이고 감정적인 표현을 중시한 낭만주의가 유행했어요. 공상적인 이야기, 다른 나라의 이국적인 신비, 열정과 역동성을 표현했어요. 그러자 상상의 세계보다 현실 그대로의 일상생활을 눈에 보이는 대로 표현해야 한다는 사실주의가 등장했어요. 사실주의에 반항한 모더니즘은 감각적, 추상적, 초현실적인 경향의 여러 운동을 말해요.

19세기에는 빛에 의해 시시각각 변화하는 사물의 인상을 표현하는 인상주의가 유행했는데 마네, 모네, 고흐 등이 이끌었지요. 인상주

美	術	史
아름다울 미	재주 술	역사 사

미술의 변천 과정을 쓴 역사

■ **르네상스**
자연과 인간 중심이 아름다움을 추구한 미술 경향

■ **낭만주의**
18세기 말, 주관적이고 감정적인 표현을 중시한 미술

■ **사실주의**
현실 그대로의 일상생활을 눈에 보이는 대로 표현한 미술

■ **모더니즘(Modernism)**
사실주의에 반항해 감각적, 추상적, 초현실적인 경향의 운동

■ **인상(印인상 인 象형태 상)주의**
빛에 의해 시시각각 변화하는 사물의 인상을 표현한 미술

■ **점묘(點점 점 描그릴 묘)**

■ **묘사(描 寫베낄 사)**

의 후반에는 쇠라, 시냐크 등의 점묘파 화가들이 등장해요.
그들은 붓으로 점을 찍어 묘사한 점묘와 사물을 그림이나 글로 생생
하게 표현한 묘사를 중시했지요. 그래서 점묘주의, 신인상주의라고
불렸어요. 인상주의가 눈에 보이는 세계를 그렸다면 표현주의는 눈
에 보이지 않는 불안, 공포, 기쁨을 강렬하게 표현한 미술이에요.

20세기에서 현대 미술까지

20세기 초, 피카소와 브라크 같은 사람들은 여러 시점에서 본 형태
를 한 화면에 섞어서 그리기 시작했어요. 이를 입체주의(큐비즘)라
고 해요. 이들이 영향을 받아 기계의 움직임과 속도 등을 그리며 찬
양한 미래주의가 등장했고, 몬드리안이 장식만, 자연의 모든 형태
를 수직과 수평으로만 표현한 신조형주의도 등장했지요.
세계 대전의 영향으로 이성을 부정하고 무의식과 꿈의 세계를 표현
한 초현실주의, 2차 대전 이후 불안한 마음을 붓 휘두르기, 물감 뿌
리기, 물감 스며들기 등으로 표현한 추상 표현주의도 등장했지요.
현대의 팝 아트라고 부르는 예술은 상품 등에서 이미지를 얻었어요.
포스트모더니즘은 'post(후기, 넘어선) + 모더니즘'이 합쳐진 말이
에요. 사실주의에 반대하며 모더니즘을 계승하면서 어렵고 추상적
인 것을 거부했지요. 추상적인 무늬와
색상을 반복해서 실제로 움직이는 것
같은 착시 효과를 주는 옵아트, TV나
컴퓨터 등 디지털 기술을 이용한 뉴미
디어 아트가 있어요.

점묘주의(點描 主주인주義옳을의)
작은 점을 찍어 색이 혼합되어
보이는 기법의 미술 경향

신인상주의
인상주의의 수법을 더욱 과학
적으로 추구한 미술 경향

표현(表겉표 現나타날현)주의
내면에 잠재된 강렬한 욕구를
원색의 화면으로 표현한 미술

입체(효설립 體몸체)주의
20세기 초, 사물을 여러 시점
으로 입체적으로 표현한 미술

미래주의
기계의 움직임과 속도 등을 찬
양하며 그린 미술 운동

신조형주의
자연의 모든 형태를 수직과 수
평으로만 표현한 미술

초현실주의
1920년대 초현실적이고 자유로
운 상상을 추구한 미술

추상 표현주의

팝 아트(pop art)
일상생활에서 쓰이는 대중적인
상품에서 소재를 찾았던 미술

포스트모더니즘

옵아트

뉴미디어 아트

르네상스　낭만주의　사실주의　모더니즘

인상주의　점묘주의　표현주의　입체주의

씨낱말
블록 맞추기

도 표

1 빈칸에 공통이 되는 단어들을 쓰세요.

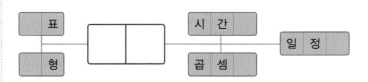

2 주어진 낱말을 넣어 문장을 완성하세요.

1) | 도 | 형 |
| 표 | |

어떤 생김새나 상태를 그림으로 나타낸 것은 □□, 통계표를 그림으로 나타낸 것은 □□이다.

2) | | 곱 |
| | 셈 |
| 대 | 응 | 표 |

가로 세로의 수를 곱하여 그 곱을 가로와 세로가 만나는 칸에 써넣은 표는 □□□, 여럿이 서로 일정하게 짝을 이루는 여러 경우들을 나타낸 표는 □□□이다.

3 문장에 어울리는 낱말을 골라 ○표 하세요.

1) 자료를 점, 직선, 곡선, 막대, 그림 등을 사용하여 나타낸 것은 (그래프 / 표)(이)야.

2) 수량을 점으로 찍고 그 점들을 이은 그래프는 (막대그래프 / 꺾은선 그래프)야.

3) 조사한 수량을 간단히 그림으로 나타낸 그래프는 (비율 그래프/ 그림그래프)야.

4 예문에 알맞은 낱말을 빈칸에 쓰세요. [수학]

전체를 가느다란 직사각형의 띠로 나타내고 각 항목의 구성 비율을 보여 주는 그래프는 □□□□. 전체에 대한 부분의 비율을 원에 나타낸 그래프는 □□□□입니다.

| 도표 |
| 도형 |
| 그래프 |
| 막대그래프 |
| 꺾은선 그래프 |
| 그림그래프 |
| 원그래프 |
| 띠그래프 |
| 비율 그래프 |
| 표 |
| 시간표 |
| 일정표 |
| 원소 기호표 |
| 도수 분포표 |
| 곱셈표 |
| 대응표 |
| 연표 |

씨낱말
블록 맞추기

미 술 사

① [보기]의 낱말과 관련이 있으며, 미술의 변천 과정을 쓴 역사를 뜻하는 낱말을 쓰세요.

보기
르	네	상	스
낭	만	주	의

인	상	주	의
사	실	주	의

② 주어진 낱말을 넣어 문장을 완성하세요.

1)
점
묘 사

사물을 그림이나 글로 생생하게 표현하는 것을 ☐ ☐, 점을 찍어 묘사한 그림은 ☐ ☐ 이다.

2)
사
실
낭 만 주 의
의

18세기 말에 유행한 주관적이고 감정적인 표현을 중시한 미술은 ☐ ☐ ☐ ☐, 이에 반대해 현실 그대로를 눈에 보이는 대로 표현한 미술은 ☐ ☐ ☐ ☐ 다.

3)
표
현
인 상 주 의
의

19세기에 빛에 의해 시시각각 변하하는 사물의 인상을 표현한 미술은 ☐ ☐ ☐ ☐, ☐ ☐ ☐ ☐ 는 눈에 보이지 않는 불안, 공포, 기쁨을 강력하게 표현한 미술이다.

③ 문장에 어울리는 낱말을 골라 ○표 하세요.

1) 20세기 초 피카소와 브라크 같은 사람들은 여러 시점에서 본 형태를 한 화면에 섞어 그렸는데, 이를 (입체주의 / 사실주의)라고 해요.

2) 기계의 움직임과 속도 등을 그리며 찬양한 미술은 (미래주의 / 인상주의).

3) 몬드리안이 창시한 (신인상주의 / 신조형주의)는 자연의 모든 형태를 수직과 수평으로만 표현했어요.

미술사
르네상스
낭만주의
사실주의
모더니즘
인상주의
점묘
묘사
점묘주의
신인상주의
표현주의
입체주의
미래주의
신조형주의
초현실주의
추상 표현주의
팝 아트
포스트 모더니즘
옵아트
뉴미디어 아트

가로, 세로 번호 칸: 1) 6) 2) 3) 4) 5) 7) 8) 9) 14) 10) 11) 15) 12) 16) 13) 17)

정답 ┃ 143쪽

가로 열쇠

2) 굳게 지킴, "내 자리를 ○○할 거야."
4) 용해된 정도
6) 막대○○○, 그림○○○, 꺾은선 ○○○
7) 땅의 모양
8) 정치상의 권세, ○○ 정치
9) 같은 의견, "친구의 의견에 ○○합니다."
10) 땅의 생김새를 그림으로 나타낸 것, 한국 ○○, 백○○,
13) 같은 점수, "이번 경기는 ○○으로 끝났습니다."
15) 조선 고종 때 남자들에게 상투를 없애고 머리를 짧게 자르라고 한 명령
16) 아직 정해지지 않음
17) 현실 그대로의 생활을 눈에 보이는 대로 표현한 미술 경향

세로 열쇠

1) 확실하고 굳셈, ○○부동
3) 기름에 녹는 성질은 지용성, 물에 녹는 성질은 ○○○
5) 어떤 생김새나 상태를 그림으로 나타낸 것
   예) 삼각형, 사각형
6) 그림을 이용해 알아보기 쉽게 만든 지도
8) 힘을 가진 무리
11) 통계표를 그림으로 나타낸 것
12) 경기가 시작되는 점은 출발점, 승부가 결정되는 지점은 ○○○
14) 법률과 명령
16) 미술의 변천 과정을 쓴 역사

1 다음 중 두 낱말의 관계가 <u>다른</u> 하나는? (   )

① 낙관 : 비관   ② 난잡 : 번잡   ③ 이색 : 이질

④ 정벌 : 토벌   ⑤ 해답 : 해설

2 밑줄 친 부분을 가장 적절한 한자어로 대체한 것은? (   )

① 바닷물 <u>짠 것</u>을 꼭 먹어 봐야 아니? → 淡水(담수)

② 참새가 <u>집 위</u>에서 지지배배 노래를 한다. → 屋上(옥상)

③ 이 낡은 입력을 디디는 방식으로 많은 해. → 加味(가미)

④ 저기 하늘과 땅이 맞닿은 <u>평평한 선</u>을 보아라. → 水平線(수평선)

⑤ 너도 이제는 <u>부모의 무릎 아래</u>에서 떠날 때가 되었다. → 燈下(등하)

3 밑줄 친 낱말의 뜻이 바르지 <u>않은</u> 것은? (   )

① <u>하중</u>을 견디지 못해 건물이 붕괴되고 말았다. → 물기의 무게

② 실력이 막상막하인지라 <u>승패</u>를 가늠하기 어렵다.

　　→ 누가 아래고 누가 위인지 가리기 어려움

③ 청운의 꿈을 안고 무작정 <u>상경</u>하던 때가 있었다. → 육지로 올라감

④ <u>가해</u>한 사람과 피해를 당한 사람이 모여 대화를 하고 있다.

　　→ 남에게 해를 입히는 것

⑤ 집을 지을 때에는 전체적으로 <u>수평</u>을 맞추는 것이 중요하다.

　　→ 기울어지지 않고 평평한 모양

4 괄호 안의 한자가 바르지 <u>않은</u> 것은? (   )

① 상(上)책   ② 부하(下)   ③ 잠수(水)

④ 추가(可)   ⑤ 평(平)화

5 밑줄 친 낱말에 대한 설명이나 맥락으로 적절치 <u>않은</u> 것은? (　　) KBS 한국어능력시험형

① 물을 밀어 넣을 때엔 배<u>수</u>한다고 해.

② 여기 단체에 가입할 때는 가입<u>비</u>가 필요해.

③ 특별하거나 두드러진 데 없을 때 <u>평범</u>하다고 하지.

④ 글의 뒷부분을 생략할 때는 <u>하략</u>이라고 쓰면 된다.

⑤ 그는 어려운 경제적 형편을 이야기하며, <u>일신상</u> 사퇴한다고 했다.

6 〈보기〉의 빈칸에 알맞은 말을 바르게 쓴 것은? (　　) 수학능력시험형

〈보기〉

(가) 인간은 숲, 바다, 동물 등 공존하여 살고 있다. 아직도 지구촌 곳곳에서는 전쟁과 다툼이 일어나는데, 평화가 공존되어야 한다. 그러기 위해서는 남의 감정과 의견에 대하여 자기도 그렇다고 함께 느끼는 (　　)하는 자세가 필요하다.

(나) 이것은 나와 상대의 (　　)(을)를 수용하고 공통의 감정을 함께 느끼는 것이다. 사람들 사이엔 공통점도 많지만 서로 어긋나고 다른 점 또한 많기 때문이다. 우리들 각자는 서로 다르면서 또 서로 다 같은 어떤 측면을 공유하고 있다.

① (가) 공감　(나) 차등　② (가) 통역　(나) 이상　③ (가) 공감　(나) 이상

④ (가) 통역　(나) 차이　⑤ (가) 공감　(나) 차이

7 문맥에 맞는 낱말을 <u>잘못</u> 선택한 것은? (　　) 수학능력시험형

① 공부할 때에는 (내심 / 핵심)을 잘 살펴야 한다.

② 이것은 복잡하지 않고 매우 (단순 / 순진)한 문제다.

③ 의사 선생님이 환자를 보며 (사찰 / 진찰)하고 있다.

④ 엄마 잔소리가 (복사 / 중복)되면 좋을 게 하나 없다.

⑤ 억지로 이론에 꿰어 맞추면 (합리적 / 합리화)이(가) 된다.

8 〈보기〉의 밑줄 친 (가) ~ (라)에 들어갈 낱말로 옳은 것은? (   )

〈보기〉

남의 나라나 다른 민족을 정벌해서 복종시키는 것을 (가)(   )이라고 합니다. 먼 곳으로 싸우러 나가는 것은 (나)(   )이죠. ○○ 시합, 남극 ○○처럼 먼 곳으로 운동 경기나 탐험을 하러 갈 때에도 이 말을 씁니다. ○○을 가는 군대나 무리는 (다)(   )라고 합니다.

러시아 군대를 만난 나폴레옹은 소리쳤습니다. "전 군은 (라)(   ) 준비를 하라!" □□은 군사를 보내 정벌하는 것이에요.

① (가) 정복 (나) 출정 (다) 출정대 (라) 위정

② (가) 벌초 (나) 출정 (다) 출정대 (라) 묵벌

③ (가) 정복 (나) 원정 (다) 원정대 (라) 출정

④ (가) 벌초 (나) 원정 (다) 원정대 (라) 출정

⑤ (가) 정복 (나) 벌목 (다) 벌목대 (라) 북벌

9 한자와 그 뜻이 바르지 않게 짝 지어진 것은? (   )

① 觀 – 듣다   ② 伐 – 치다   ③ 例 – 보기

④ 理 – 이치   ⑤ 命 – 명령하다

10 다음 〈보기〉 문장 중 한자로 고친 것이 틀린 것은? (   )

〈보기〉

(가)복잡은 여러 가지가 뒤섞였다는 뜻이에요. (나)중복은 같은 일이 되풀이되거나 겹치는 것이에요. 혹시 '복제 양'이라고 들어 보았나요? 어미가 낳은 새끼 양이 아니라 유전자를 (다)복제해서, 그러니까 본디의 양과 똑같은 유전자를 만들어서 탄생시킨 양이지요. 원본을 베끼는 것은 (라)복사인데, 요즈음은 아무리 복잡한 문서나 그림도 기계를 이용해서 얼마든지 똑같이 찍어낼 수 있지요. 두 가지 이상을 하나로 합친 것은 (마)복합이라고 해요.

① (가) 複雜   ② (나) 重複   ③ (다) 複製   ④ (라) 複事   ⑤ (마) 複合

11 밑줄 친 부분을 적절한 낱말로 대체하지 <u>않은</u> 것은? (　　)

① 저것은 <u>단단하게 굳어 있는 물체</u>야. → 고체

② <u>사람을 구하는 일</u>이 날로 어려워지네. → 구인

③ 여기 점포는 <u>정해진 값</u>만 받고 있단다. → 정원

④ <u>맞서서 승패를 결정하는</u> 게 능사는 아니란다. → 대결

⑤ 어떤 일을 <u>꾀할 때의 마음</u>을 잘 살펴보도록 해라. → 의도

12 밑줄 친 낱말의 뜻이 바르지 <u>않은</u> 것은? (　　)

① <u>고정</u> 관념을 없애는 일이 쉽지만은 않네요. → 굳어진 방식으로 보고 생각함

② 여행 계획이 <u>여의치</u> 않게 되어 버렸습니다. → 마음먹은 대로 이뤄 주는

③ 하루 10분 이상 줄넘기를 하기로 <u>결심</u>했습니다.

　　→ 할 일에 대해 어떻게 하기로 마음을 굳게 정함

④ 여기는 임산부 전용으로 <u>지정</u>되어 있는 좌석입니다.

　　→ 여럿 가운데서 하나를 가리켜 정함

⑤ <u>구도</u>의 길에서 만난 도반이야말로 진정한 벗이다. → 아홉 갈래의 길

13 〈보기〉의 빈칸에 알맞은 낱말을 바르게 짝 지은 것은? (　　)

──〈보기〉──────
공기를 누르는 힘을 '공기 기(氣)'와 '누를 압(壓)'을 써서 기압이라고 합니다. 그 누르는 힘이 세면 고기압, 낮으면 저기압입니다. 기압은 수치로 나타낼 수 있답니다. 기압이 같은 지점을 쭉 연결하여 일기도에 나타낸 것은 <u>(가)</u>(　　　)입니다. 기온이 같은 지점을 쭉 연결하여 이은 선은 <u>(나)</u>(　　　)이라고 합니다.

① (가) 등압선 (나) 등온선　　② (가) 상압선 (나) 중온선

③ (가) 등압선 (나) 중온선　　④ (가) 상압선 (나) 등온선

⑤ (가) 중압선 (나) 중온선

⑭ 밑줄 친 낱말에 대한 설명이나 맥락이 적절하지 않은 것은? (   )

① 정말 앞뒤가 꽉 막힌 옹고집이네요.

② 의견 일치를 보지 못하고 협상이 결렬되었다.

③ 국회는 국민의 뜻인 민의가 수렴되는 장이어야 한다.

④ 무언가 하고자 하는 바람으로서 자기 욕구를 먼저 보세요.

⑤ 권투에서 승패가 확실치 않을 때엔 감정으로 승패를 가린다.

⑮ 문맥에 맞는 낱말을 잘못 선택한 것은? (   )

① (문벌 / 화랑도)(은)는 삼국 통일 전쟁에서 큰 공을 세웠다.

② 지도에는 동서남북을 나타내는 (방위 / 축적)(가)이 표시되어 있다.

③ 설탕물에서 물은 녹이는 물질이라 하여 (용매 / 용질)(이)라고 한다.

④ (초포법 / 호패법)은 신분에 관계없이 양반도 군포를 내게 한 세금 제도다.

⑤ 가난한 사람과 부유한 사람의 격차가 벌어지는 현상을 (양극화 / 평준화)라 한다.

⑯ 〈보기〉의 밑줄 친 (가) ~ (나)에 들어갈 낱말로 옳은 것은? (   )

─〈보기〉──────
15세기 이탈리아와 16세기 유럽 전 지역에 유행한 (가)(   )는 다시 태어났다는 뜻을 갖고 있습니다. 이전의 신 중심에서 벗어나 자연과 인간 중심의 아름다움을 추구한 미술 경향입니다. 18세기 말에는 주관적이고 감정적인 표현을 중시한 (나)(   )가 유행합니다. 중세 공상적 이야기, 다른 나라의 신비, 열정과 역동성을 표현했지요.

① (가) 르네상스 (나) 낭만주의   ② (가) 낭만주의 (나) 사실주의

③ (가) 사실주의 (나) 르네상스   ④ (가) 르네상스 (나) 사실주의

⑤ (가) 낭만주의 (나) 르네상스

톡톡 문해력 일기 다음 일기를 읽고, 문제를 풀어 보세요.

20○○년 ○월 ○일	날씨 : 흐린 뒤 맑음

오늘 나는 동생과 라면을 끓이다가 동생과 다퉜다. 나는 라면을 끓일 때 면을 먼저 넣어야 한다고 했지만 동생은 가루수프를 먼저 넣어야 한다고 했기 때문이다. 나는 동생에게 라면 봉투에 적힌 조리법을 보여 주면서 말했다.

"여기를 봐. 면을 먼저 넣으라고 하잖아."

하지만 고집쟁이 동생은 내 말을 듣지 않았다.

"요리 유튜버가 가루수프를 먼저 넣어야 맛있다고 했어."

나는 동생을 설득하다가 <u>두 손 두 발 다 들었다.</u>

결국 가루수프를 먼저 넣고 라면을 끓였다. 그런데 라면 맛이 면을 먼저 넣을 때와 별로 다르지 않았다. 우리는 사이좋게 라면을 나누어 먹었다.

① 글쓴이와 동생은 무엇 때문에 다투었나요?

---

② 동생이 고집을 부린 까닭은?

---

③ 글쓴이는 결국 어떻게 라면을 끓였나요?

---

④ 밑줄 친 문장의 뜻은? (   )

① 나는 동생에게 두 손을 올리는 벌을 주었다.

② 나는 동생의 두 손을 꼭 잡았다.

③ 나는 동생의 말에 손을 들었다.

④ 나는 동생의 말을 들어주기로 했다.

톡톡 문해력 설명문 다음 설명문을 읽고, 문제를 풀어 보세요.

> 북극은 북극점 근처 지역으로, 북극해를 중심으로 유라시아 대륙과 북아메리카 대륙에 둘러싸여 있다. 북극의 대부분은 육지가 아닌 바다로, 두꺼운 얼음으로 뒤덮여 있다.
>
> 얼음 위에는 북극곰, 북극여우 등이, 바다에는 바다표범, 바다코끼리, 고래 등이 서식한다. 북극해 연안에는 '이누이트'라고 불리는 원주민이 살고 있다.
>
> 북극의 중심인 북극점은 지구의 자전축이 통과하는 지점이다. 이곳은 여름에는 태양이 지지 않아 낮만 계속되고, 겨울에는 태양이 뜨지 않아 밤만 계속된다. 북극점 주변 지역은 일 년 내내 눈과 얼음으로 덮여 있다.
>
> 현재 북극은 위험에 처해 있다. 지구 온난화로 인해 바다 위의 얼음이 빠르게 녹고 있기 때문이다. 북극의 얼음이 사라지면서 북극곰과 같은 동물들의 서식지가 줄어들고 있다. 이뿐만 아니라 북극의 얼음이 녹으면서 해수면이 높아지고 있어 전 세계적으로 이상 기후 현상이 자주 발생하고 있다.

① 이 글의 중심 낱말을 쓰세요.

② 이 글의 중심 내용을 쓰세요.

③ 밑줄 친 낱말과 바꿔 쓸 수 있는 것은? (   )

① 지나는   ② 움직이는   ③ 통일되는   ④ 흐르는

④ 지구 온난화로 인해 북극은 어떻게 바뀌고 있나요?

정답

1장 씨글자

上 윗 상 |10~11쪽

1. 上
2. 1) 향상 2) 상륙 3) 옥상 4) 상소 5) 시간상
3. 1) 영상 2) 상영 3) 인상 4) 향상 5) 수상
4. 1) 상경 2) 상소 3) 상품 4) 상연 5) 천상
5. 교육상
6. ①

下 아래 하 |16~17쪽

1. 下
2. 1) 급강하 2) 하교 3) 하차 4) 슬하 5) 막상막하
3. 1) 낙하산 2) 하수구 3) 지하도 4) 하차 5) 하사
4. 1) 남하 2) 등교 3) 이하 4) 하체 5) 하반기
5. 등하불명
6. 1) 영하 2) 남하 3) 하반기 4) 승선 5) 지하도 6) 하교

등	숭	낙	신	단	명
행	선	불	남	하	품
북	이	수	구	금	교
영	전	지	하	도	순
하	석	사	탄	반	온
유	료	화	산	광	기

水 물 수 |22~23쪽

1. 水
2. 1) 약수 2) 하수도 3) 수증기 4) 저수지 5) 강수
3. 1) 식수 2) 잠수 3) 해수 4) 수운 5) 음료수
4. 1) 온수 2) 수분 3) 급수 4) 심해수 5) 수영
5. 지하수
6. 1) 해수 2) 수자원 3) 유수

平 평평할 평 |28~29쪽

1. 平
2. 1) 평지 2) 수평 3) 평화 4) 평범 5) 평사원
3. 1) 수평선 2) 평행선 3) 평이 4) 평면 5) 평범
4. 1) 평안 2) 수평 3) 공평 4) 태평하군 5) 평상복
5. ④
6. 1) 평일 2) 평상시 3) 평상복

加 더할 가 |34~35쪽

1. 加
2. 1) 가속 2) 가해 3) 가압 4) 유가공 5) 가욋돈
3. 1) 가공 2) 가호 3) 가입 4) 추가 5) 가습기
4. 1) 가해자 2) 배가 3) 부가 4) 가맹 5) 가욋
5. ④
6. ③

重 무거울 중 |40~41쪽

1. 重
2. 1) 중장비 2) 정중 3) 중병 4) 이중인격자 5) 중심
3. 1) 중량급 2) 중노동 3) 거중기 4) 중병 5) 귀중품
4. 1) 하중 2) 신중 3) 중공업 4) 비중 5) 자중
5. 1) 중대 2) 중노동 3) 거중기 4) 귀중품 5) 중화기

요	결	중	화	기	주
비	중	율	경	중	대
탕	환	화	독	존	귀
거	건	중	동	량	품
중	애	중	노	첩	급
기	심	업	연	동	급

6. 1) 구중궁궐 2) 중탕 3) 중장비

씨낱말

공통 |46쪽

1. 공통
2. 1) 공존, 공감 2) 관통, 통과 3) 소통, 통념 4) 통용, 통속
3. 1) 소통 2) 공감 3) 통과 4) 공존 5) 통역

차이 |47쪽

1. 차이
2. 1) 시차, 일교차 2) 격차, 차도 3) 이상, 특이 4) 이국적, 이색적 5) 기이, 이성
3. 1) 특이 2) 시차 3) 이방인 4) 격차

단순 |52쪽

1. 단순
2. 1) 단일, 단독 2) 단위, 단원 3) 순금, 순면 4) 순진, 순결
3. 1) 단위 2) 순수 3) 단일 4) 순익

복잡 |53쪽

1. 복잡
2. 1) 복제, 복사 2) 중복, 복합 3) 잡화점, 잡상인 4) 번잡, 난잡
3. 1) 잡곡 2) 잡담 3) 복잡 4) 잡지 5) 잡념

이해 |58쪽

1. 이해
2. 1) 이치, 이론 2) 합리, 추리 3) 논리, 심리 4) 독해, 해독 5) 해갈, 해결
3. 1) 이해 2) 이성 3) 추리 4) 해빙 5) 독해력

관찰 |59쪽

1. 관찰
2. 1) 관람, 관중 2) 관찰, 성찰 3) 순찰, 진찰 4) 낙관, 비관
3. 1) 간측 2) 관람 3) 신살 4) 관객 5) 시찰

중심 |64쪽

1. 중심
2. 1) 중류, 중세 2) 초반, 중반 3) 중계, 중업 4) 중심, 중류층 5) 핵심, 내심
3. 1) 중간 2) 중류 3) 내심 4) 핵심 5) 중업

예시 |65쪽

1. 예
2. 1) 예문, 예제 2) 범례, 실례 3) 비례, 관례 4) 예외, 예사 5) 이례, 선례
3. 1) 비례 2) 범례 3) 예사 4) 관례 5) 이례

명령 |70쪽

1. 명령
2. 1) 밀명, 국명 2) 사명, 왕명 3) 수명, 연명 4) 법령, 발령
3. 1) 임명 2) 사명감 3) 숙명 4) 발령 5) 구령

정벌, 토벌 |71쪽

1. 정벌
2. 1) 출정, 정벌 2) 토의, 토론 3) 북벌, 살벌 4) 원정, 정복
3. 1) 정복 2) 토론 3) 성토 4) 벌초

어휘 퍼즐 |72쪽

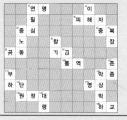

2장 씨글자

點 점 점 |78~79쪽

1. 點
2. 1) 점자 2) 반환점 3) 통점 4) 발화점 5) 남극점
3. 1) 결승점 2) 반점 3) 단점 4) 득점 5) 점심
4. 1) 만점 2) 점검 3) 공통점 4) 강점 5) 발사 지점
5. ④
6. 1) 북극점 2) 발화점 3) 점심

求 구할 구 |84~85쪽

1. 求
2. 1) 구인 2) 구혼 3) 구심력 4) 갈구 5) 상산구어
3. 1) 구직난 2) 구애 3) 구입 4) 구심력 5) 청구서
4. 1) 연목구어 2) 욕구 3) 구인 4) 요구 5) 원심력
5.

	1)연	목	2)구	어
			지	
3)급	4)구	심	난	
	심			5)간
	점		6)갈	구

6. 1) 구입 2) 구걸 3) 갈구

固 단단할 고 |90~91쪽

1. 固
2. 1) 고체 2) 고정 수입 3) 고집 4) 완고 5) 고정 독자
3. 1) 고정 관념 2) 고정 3) 확고 4) 고집 5) 고체
4. 1) 황소고집 2) 고유 3) 고수
5. 확고부동
6. ③

意 마음 의 |96~97쪽

1. 意
2. 1) 악의 2) 창의력 3) 조의 4) 의지박약 5) 하의상달
3. 1) 의지 2) 격의 3) 신의 4) 의견 5) 창의력
4. 1) 민의 2) 자의 3) 여의 4) 중의 5) 호의
5. 1) 고의 2) 실의 3) 진의 / 의도 4) 악의
6. 1) 조의 2) 창의 3) 실의 4) 사의

決 결정할 결 |102~103쪽

1. 決
2. 1) 대결 2) 결정판 3) 결정타 4) 결사 5) 결승전
3. 1) 결정 2) 결심 3) 다수결 4) 결재 5) 결하지세
4. 1) 결정판 2) 결단코 3) 의결 4) 결판 5) 판결
5. ④
6. 1) 결정타 2) 다수결 3) 결재

定 정할 정 |108~109쪽

1. 定
2. 1) 단정 2) 정시 3) 확정 4) 월정액 5) 정족수
3. 1) 지정석 2) 정원 3) 지정 4) 감정사 5) 정기
4. 1) 판정 2) 인정 3) 결정 4) 배정 5) 단정
5. 감정
6. 평화 – 협정, 몸무게 – 측정, 맞춤법 – 개정, 승패 – 판정

씨낱말

기압 |114쪽

1. 기압
2. 1) 일기, 기압 2) 고기압, 저기압 3) 기온, 기후
3. 1) 등압선, 등온선
3. 1) 압축 2) 기상 3) 기단 4) 기상청

용액 |115쪽

1. 용액
2. 1) 용액, 액체 2) 기화, 액화 3) 지용성, 수용성
3. 1) 원액 2) 농도 3) 포화 용액
4. 용질, 용매, 용해

지리, 지도 |120쪽

1. 지
2. 1) 지리, 지도 2) 지형도, 그림지도
3. 1) 지형 2) 등고선 3) 평면 지도
4. 축척, 방위

변화 |121쪽

1. 변화
2. 1) 변신, 변화 2) 세계화, 반세계화 3) 양극화, 평준화
3. 1) 획일화 2) 정보화 3) 변절 4) 변장 5) 사막화

권력 |126쪽

1. 권력
3. 1) 권력, 세력 2) 문단 통치, 민족 분열 통치
3. 1) 호족 2) 무신 정권 3) 세도 정치
4. 신진 사대부, 신흥 무인

법령 |127쪽

1. 법령
2. 1) 8조법, 조목 2) 명령, 법령 3) 율령, 단발령
3. 1) 훈요 10조 2) 호패법 3) 노비안검법 4) 방법

도표 |132쪽

1. 도표
2. 1) 도형, 도표 2) 곱셈표, 대응표
3. 1) 그래프 2) 꺾은선 그래프 3) 그림그래프
4. 띠그래프, 원그래프

미술사 |133쪽

1. 미술사
2. 1) 묘사, 점묘 2) 낭만주의, 사실주의 3) 인상주의, 표현주의
3. 1) 입체주의 2) 미래주의 3) 신조형주의

어휘 퍼즐 |134쪽

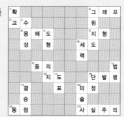

종합문제 |135~139쪽

1. ① 2. ② 3. ④ 4. ④ 5. ① 6. ⑤ 7. ③ 8. ③ 9. ① 10. ④
11. ③ 12. ⑤ 13. ① 14. ⑤ 15. ④ 16. ①

문해력 문제 |140~141쪽

1. 라면을 끓일 때 면을 먼저 넣을지, 가루수프를 먼저 넣을지를 놓고 다투었다.
2. 요리 유튜버가 가루수프를 먼저 넣어야 맛있다고 했기 때문에
3. 가루수프를 먼저 넣고 라면을 끓였다. 4. ④

1. 북극
2. 북극은 북극점 근처 지역으로, 지구 온난화로 인해 바다 위의 얼음이 녹고 있으며 이 때문에 이상 기후 현상이 자주 발생하고 있다.
3. ① 4. 북극의 얼음이 빠르게 녹고 있다.

집필위원

정춘수 권민희 송선경 이정희 신상희 황신영 황인찬 안바라

손지숙 김의경 황시원 송지혜 한고은 김민영

강유진 김보경 김보배 김윤철 김은선 김은행 김태연 김효정

박 경 박선경 박유상 박혜진 신상원 유리나 유정은 윤선희

이경란 이경수 이소영 이수미 이여신 이원진 이현정 이효진

정지윤 정진석 조고은 조희숙 최소영 최예정 최인수 한수정

홍유성 황윤정 황정안 황혜영

문해력 잡는 초등 어휘력 C-2 단계

글 김의경 이정희 송선경 손지숙
그림 쌈팍 서춘경
기획 개발 정춘수

1판 1쇄 인쇄 2025년 1월 16일
1판 1쇄 발행 2025년 1월 31일

펴낸이 김영곤 **펴낸곳** ㈜북이십일 아울북
프로젝트2팀 김은영 권정화 김지수 이은영 우경진 오지애 최윤아
아동마케팅팀 명인수 손용우 양슬기 이주은 최유성
영업팀 변유경 한충희 장철용 강경남 김도연 황성진
표지디자인 박지영 임민지

출판등록 2000년 5월 6일 제406-2003-061호
주소 (우 10881) 경기도 파주시 문발동 회동길 201
연락처 031-955-2100(대표) 031-955-2122(팩스)
홈페이지 www.book21.com

ⓒ (주)북이십일 아울북, 2025

ISBN 979-11-7357-052-0
ISBN 979-11-7357-036-0 (세트)

 ・ 제조자명 : (주)북이십일 ・ 제조연월 : 2025. 01. 31.
・ 수소 : 경기도 파주시 회동길 201(문발동) ・ 제조국명 : 대한민국
・ 전화번호 : 031-955-2100 ・ 사용연령 : 3세 이상 어린이 제품